高职高专"十二五"规划教材

民航运输类专业系列教材

航空职业形象

HANGKONG ZHIYE XINGXIANG

张号全　主编　　　　　王　丹　副主编
梁秀荣　主审

化学工业出版社

·北京·

本书主要介绍航空服务人员在形象规范与形象塑造方面的具体内容、做法、要求等，包括形象认识、发型技巧、妆容设计、服饰搭配、仪态及体态的训练以及语言表达的内涵等内容。该书图文并茂，叙述生动活泼、条理清晰，内容深入浅出，方法、技巧简单易学，并配有合适的案例讲述及延伸阅读版块。

本书可作为高职高专航空服务类专业的教材，也可供高铁服务、动车服务、游艇服务及国内外大型、高端企业服务人才学习以及航空培训使用，同时也是从事航空服务类事业及关注个人形象的广大青年的参考学习用书。

图书在版编目（CIP）数据

航空职业形象/张号全主编．—北京：化学工业出版社，2015.1

高职高专"十二五"规划教材

ISBN 978-7-122-22127-8

Ⅰ.①航…　Ⅱ.①张…　Ⅲ.①民用航空-乘务人员-形象-高等职业教育-教材　Ⅳ.①F560.9

中国版本图书馆CIP数据核字（2014）第245770号

责任编辑：旷英姿　陈有华　　　　　　　装帧设计：王晓宇
责任校对：吴　静

出版发行：化学工业出版社（北京市东城区青年湖南街13号　邮政编码100011）
印　　装：化学工业出版社印刷厂
787mm×1092mm　1/16　印张11¼　字数273千字　2015年1月北京第1版第1次印刷

购书咨询：010-64518888（传真：010-64519686）　售后服务：010-64518899
网　　址：http://www.cip.com.cn
凡购买本书，如有缺损质量问题，本社销售中心负责调换。

定　　价：39.00元　　　　　　　　　　　　　　　　　　　　　版权所有　违者必究

前言 FOREWORD

随着全球一体化的推进与加速，我国的航空运输业无论是从机场建设速度与运输规模上，还是乘客人流量的逐年攀升方面；无论是从经济腾飞带给航空运输业的有力支撑面，还是从国家倡导大力发展服务业的促进角度上看，都以有效的发展条件与快速成长空间，让世界各国刮目相看。但同时不可忽视的问题是：在人才培养与人才素质更新与进步的需要上我们又该努力地做些什么？如何以更加理性的姿态来对待民航业的高速发展？

可以通过一组数据来简单地了解我国民航业的发展现状：2013年中国民航已经实现了乘客运输量达3.54亿人次，同比2012年增长11%，增加量达到3300多万人次，通用航空飞行51.9万小时，同比2012年增长9%。国内有24个机场的旅客吞吐量已成功突破1000万人次……对于如此快速发展的民航业来讲，除了飞机、机场的配套建设外，在人才素质培养方面的应对措施，尤其显得重要。

本教材正是在这一形势下编写和出版的，也是应高等院校航空专业的广大师生要求，经过编写小组全体成员的共同努力编写完成的。本书既是航空专业的学习教材，同时也是一部航空职业形象的参考工具书。本书针对航空服务类岗位的人才形象塑造与培养方面的实际需要，铺展开一系列化的航空形象设计内容。从航空职业形象的基本概念入手，翔实地介绍了航空职业发型设计、妆容塑造、服饰搭配、仪态及形态训练、语态表现的各个环节与实际操作技法，并且引导大家做好形象的拓展训练。本书图文并茂，通俗易懂。希望读者通过本教材的学习，同时通过实践训练，不仅让个人形象体现出优雅与自然大方的气质，而且更符合航空业这一高端职业形象的非凡气度与亲和力，在优化就业信心、提升就业机会的同时，更加坚定自己的职业生涯发展道路。

本书所阐明的积极观点、美好心愿及具体做法，也仅仅是起到抛砖引玉的作用，目的是倡导与推动航空服务形象的良好建立与日益完善。毫无疑问，航空业发展的势头越快，就越要注重高素质人才的配套与跟进，特别是在人才整体形象的建设上更是如此，这样才能保证发展中的良性与优质。

本书由多年来参与航空专业面试与就业指导工作的武汉商贸职业学院张号全主编、撰写提纲、统稿并编写模块一和模块九及模块八部分内容；江西旅游商贸职业学院王丹任副主编并编写模块五到模块七；由西安航空职业技术学院金恒编写模块二到模块四；信阳职业技术学院周珊珊编写模块八中的部分内容。

本书由原国航培训部部长，现任中国航空运输协会飞行与乘务委员会高级顾问梁秀荣老师主审，在此对她的敬业精神及优秀的航空职业人形象表示诚挚的敬意。另外，本书在编写的过程中也得到了航空业内相关专业人士的大力支持与帮助，本书中的部分图片由南昌理工学院等院校提供，在此向他们表示诚挚的谢意。

真诚感谢广大读者的支持与厚爱，不足之处敬请多提宝贵意见。

编　者
2014年9月

CONTENTS
目 录

模块一　航空职业形象概述　　001

任务一　航空职业形象的概念理解　　001
　　一、航空职业形象的定义　　002
　　二、航空职业形象的内涵　　002
　　三、航空职业形象的塑造　　003

任务二　航空职业形象的内容诠释　　004
　　一、航空职业形象涵盖的内容　　004
　　二、航空职业形象设计与塑造的基础　　005

任务三　航空职业形象的特点解析　　006
　　一、航空职业形象的特点　　007
　　二、航空职业形象的基本特点解析　　007

模块二　航空职业形象的发型设计　　013

任务一　学会护理头发　　013
　　一、了解自己的发质　　014
　　二、学会正确护理　　015
　　三、正确清洗头发　　017

任务二　设计航空职业发型　　018
　　一、头型与脸型　　019
　　二、发型设计技巧　　020
　　三、航空职业基本发型　　023

模块三 航空职业形象的妆容设计　029

任务一　色彩分析及运用　029
一、色彩的基础知识　030
二、色彩的属性及视觉变化　031

任务二　航空职业妆容设计　032
一、航空职业妆容步骤及设计技巧　033
二、客舱乘务职业妆容的设计特点　049
三、客舱乘务职业妆容的自然与协调　052

任务三　妆容的护理　055
一、妆容的保持　055
二、妆容的维护　057
三、妆容的清洁　058

模块四 航空职业形象的着装设计　061

任务一　服饰的色彩搭配　061
一、肤色与服色　062
二、色彩的搭配技巧　066

任务二　航空职业服饰穿戴　068
一、航空着装的基本原则　068
二、男职员着装　069
三、女职员着装　070
四、着装注意事项及要求　071
五、男职员领带、女职员丝巾的系法　072
六、空乘制服的特点　075

模块五 航空职业形象的仪态要求　079

任务一　站姿训练　079
一、航空服务人员的标准站姿　080
二、站姿的要求　082

任务二　坐姿训练　083
一、航空服务人员的标准坐姿　083
二、坐姿的要求　086

任务三　行姿训练　　086
　　　　一、航空服务人员的标准行姿　　087
　　　　二、不同着装下的行姿　　088
　　　　三、行姿的要求　　089
　　任务四　蹲姿训练　　089
　　　　一、航空服务人员的标准蹲姿　　089
　　　　二、蹲姿的要求　　091
　　任务五　端姿训练　　091
　　　　一、航空服务人员的标准端姿　　091
　　　　二、端姿的要求　　093
　　任务六　手势训练　　093
　　　　一、航空服务人员的标准手势　　093
　　　　二、航空服务中的常用手势　　093
　　　　三、手势的要求　　096
　　任务七　面部表情训练　　097
　　　　一、自然的微笑　　097
　　　　二、温柔的目光　　099
　　　　三、面部表情中的要求　　099

模块六　航空职业形象的体态要求　　101

　　任务一　关注体态　　101
　　　　一、体态关注的意义及作用　　102
　　　　二、体态的基本要求　　103
　　任务二　体态训练与体态保持　　104
　　　　一、基本训练　　104
　　　　二、体育锻炼　　109
　　　　三、饮食保养　　111
　　　　四、日常护理　　112
　　　　五、克服不良习惯　　113

模块七　航空职业形象的语态要求　　114

　　任务一　使用得体的服务语言　　114
　　　　一、使用得体语言的意义和作用　　115
　　　　二、语言表达规范及要求　　116

任务二　语态的训练　　　　　　　　　　　　　117
　　　　一、培养语言表达的感染力　　　　　　　　117
　　　　二、语言表达注意事项　　　　　　　　　　122

模块八　航空职业形象的实操及应用　　　　　　127

　　任务一　航空职业形象的实操训练　　　　　　127
　　　　一、课堂实操训练　　　　　　　　　　　　128
　　　　二、模拟实操演练　　　　　　　　　　　　134
　　　　三、课外实操练习　　　　　　　　　　　　138
　　　　四、参评实操训练　　　　　　　　　　　　139

　　任务二　公共服务训练　　　　　　　　　　　140
　　　　一、电话问询服务　　　　　　　　　　　　140
　　　　二、要客服务　　　　　　　　　　　　　　141
　　　　三、商务会议活动　　　　　　　　　　　　150

　　任务三　航空职业形象的自我维护与修复　　　152
　　　　一、维护与修复的必要性　　　　　　　　　152
　　　　二、航空职业形象中的辅助要素　　　　　　154

模块九　航空职业形象强化拓展　　　　　　　　161

　　任务一　认识并理解形象拓展　　　　　　　　161
　　　　一、职业形象拓展认知　　　　　　　　　　162
　　　　二、关注形象拓展的功能性　　　　　　　　162
　　　　三、设立形象拓展原则　　　　　　　　　　163

　　任务二　掌握拓展的基本内容及做法　　　　　163
　　　　一、形象拓展的基本内容　　　　　　　　　164
　　　　二、形象拓展的基本做法　　　　　　　　　166

　　任务三　找准拓展的立足点　　　　　　　　　167
　　　　一、形象拓展立足点的基本内容　　　　　　167
　　　　二、形象拓展立足点的基本核心　　　　　　168

参考文献　　　　　　　　　　　　　　　　　　171

模块一

航空职业形象概述

学习目标

1. 了解航空职业形象塑造的意义和价值。
2. 认清航空职业形象塑造的特点及内涵。
3. 掌握航空职业形象基本的构成要素。
4. 深刻地理解航空职业内、外在形象的统一性。

学习任务

对于初次接触航空职业形象这门课程的人来讲,首先就是要弄清楚什么是航空职业形象,明白具体的定义,掌握职业形象所包含的具体内容及基本特点,从而培养对职业形象设计及塑造的慎重心及尊重意识。

通过本模块的系统学习,能够初步建立起职业形象的深层次概念,提升在职业形象设计过程中的理解与接受力,这对航空职业形象塑造起点必不可少。

任务一 航空职业形象的概念理解

要点提示

通过学习航空职业形象的定义及类别,更加详细、具体地弄清楚职业形象设计与塑造的现实意义,并结合实际案例,从中找到航空职业形象的适用性、服务性与人文性,以快速、有效地打开航空职业形象塑造的大门。

一、航空职业形象的定义

航空职业形象是航空工作人员依照航空公司的岗位形象规定，经过精心设计的仪表、仪容及体态、形态等的具体表现。航空职业形象既是航空公司对外的整体形象，也是个体职员在乘客面前的服务印象，是航空工作者的外在形象、内在修养、职业能力和专业知识方面的集中展示。航空职业形象所体现出的高端性、标准化、统一性，目的是透过服饰妆容、举止言谈让乘客感受到服务水准及服务实力。

图1-1～图1-3所示为航空职业举止形象（站姿、行姿）展示。

图1-1　男士站姿

图1-2　女士站姿

图1-3　女士行姿

二、航空职业形象的内涵

航空职业形象犹如一面大镜子，是航空工作者内在的精神状态，外在的执行力、习惯，工作的专注度，职业情绪等综合职业素质的映射。同时，航空职业形象也是航空业的一个广告牌和宣传栏，因为航空工作者的个体职业形象对于乘客们来讲，即代表着航空行业及航空公司的实际印象。

航空工作者个体职业形象的好坏，直接关系到乘客们对航空公司的待客心理、服务理念、服务态度及服务质量的总体评价。由此可知，航空职业形象是一个涵盖了行业、公司、职员、乘客在内的多重因素相互作用的评价结果。航空职业形象的完美呈现必然离不开经济、社会、美学、心理、色彩、设计、造型以及管理等诸多学科共同交织出的大时代形象理念，所以要用全新的视角看待不同时代下的航空职业形象。

图1-4、图1-5所示为航空职业坐姿形象（客舱坐姿）展示。

图1-4 客舱坐姿正面　　　　图1-5 客舱坐姿侧面

三、航空职业形象的塑造

航空职业形象塑造，决定着个人职业生涯发展的顺畅与否，同时也关系到公司或行业的利益得失。如果稍微留意时下的媒体报道，就不难发现这样的问题：近几年来，各地航空公司不断地出现乘客与航空服务人员之间的大小纠纷事件，明显地折射出个别航空服务人员职业形象较差而导致的服务与被服务需求之间的差距。不难看出，在中国航空业快速猛进的积极发展中，一个摆在行业面前重中之重的问题，就是如何彰显形象下的服务问题。如果解决不好这个问题，就难有真实的形象可言。怎样塑造与表达好工作岗位上的个体职业形象，同时保证公司形象的标准与一致，确实值得每一位航空服务人员及管理者认真思考与对待，这是航空职业形象树立的根本性问题。

 案例链接

面对乘客砸来的热食

由于南京天气的原因，导致CA1538航班延误，乘客们在候机室足足等待了近两个小时，登机后又继续等待，使得部分乘客情绪有些急躁。一位男士向男乘务员邓韵提出加一份米饭。邓韵向他解释，由于是临时配餐，没有多余的米饭。听到这里，该男士不由分说地冲进厨房将手中的咖啡泼在地上，并指责邓韵撒谎，还要检查烤箱中是否还有餐食。在这个过程中，邓韵始终以平和的语气耐心地解释，并和这位男士保持适当地距离，避免发生肢体冲突。一位乘客看不下去了，想来劝走这位男士。谁知，该男士随手抄起一盒热食向邓韵扔过去，饭菜油水顿时污染了邓韵的制服。在场的人都愣住了，邓韵却表现得非常理智，没有激动地回应，而是默默地收拾着残局，之后又诚恳地劝说该男士为了安全起见，在飞机滑行前回到自己的座位上并系好安全带。

客舱所发生的这一幕全被乘客们看在眼里，邓韵的诚恳态度及得体表现感动了大家，相反的是面对这位行为过激的男士，就有乘客开始安慰起邓韵来，还劝说他不要理睬这个不讲道理的人。而邓韵则答道："我们理解乘客在航班延误后心情不好，所以要尽量地耐心解释。"后来在安全员和乘务长的劝说下，该男士回到了座位上。航程结束前，这位男士终于平静了下来，意识到自己的行为有些过火，就主动地向邓韵道了歉。

> **案例点评**
>
> 在这个案例发生的过程中，我们可以看到良好的职业形象保持帮助了邓韵。对于客舱乘务人员而言，随时都有可能因为各种的原因引发乘客的不满情绪，如果不是平时训练有素，知道如何处置突发事件，后果就不堪设想。

任务二　航空职业形象的内容诠释

要点提示

了解航空职业形象（妆容、发型、着装、仪态、体态、语态等六个方面）的基础内容，以专业应用的务实态度来认真地对待与学习好形象设计与塑造的基本功，并结合课本案例，进一步地关注到内外形象的统一建立，树立起职业形象的全面意识，这是自我职业形象提升的立足点和最佳保障方法。

一、航空职业形象涵盖的内容

严格地说，航空职业形象是外在形象与内在形象的组合形象，其涵盖了妆容、发型、着装、仪态、体态、语态等六个方面的基本内容。

从航空服务的需要面来看，航空职业形象既有通过化妆与造型技术带来的外在形象的美感修饰，也有通过专业学习、素质训练、能力提升的内在气质修养。所以，航空职业形象也是外在包装成型与内在修养打造下得出的形象结果。航空职业形象中的内外在形象必须保持完全一致的协调性与统一性，才能更大限度地彰显职业形象的丰满度与完整性，最大化职业形象的价值。

图1-6、图1-7所示为航空职业服务形象（示意、服务）展示。

图1-6　女士示意站姿　　　　　　图1-7　女士服务站姿

二、航空职业形象设计与塑造的基础

　　航空职业形象的设计及塑造是航空专业建设与发展的需要，更是为培养高素质、职业化的合格型航空服务人才的愿望。而航空服务人员职业形象的建立，基础还在于航空服务人才培养阶段时期的用功，是深层次的服务理念渗透，而不是只在工作岗位上的制度化强制。航空专业人才良好的职业形象培养，也是个人未来职业生涯进步所需，无论从任何角度上来讲，说到底竞争就是服务的竞争，也是对外形象的竞争，这是航空公司持有的最佳实力。

　　随着国家整体实力的提升，一方面乘客的服务需求也在发生着实质性的改变，乘客的多元化需求现象明显增加；另一方面航空公司在对客的服务上，也要有创新及理性的做法，而与之相适应及匹配的不仅是航空工作者外在形象的美观与靓丽，还需要有法制化的乘运规则、标准化的服务程序、规范化的运作模式以及高尚的职业道德与专业化素质。当然航空职业形象也就涵盖了形象的内外在所有的部分，这是新航空服务时代下对职业形象的刚性需求。

 案例链接

最真诚的形象感动

　　中国国际航空公司（简称国航）地面服务部综合服务员工贺鹏远刚刚送走CA1821航班，正在登机口整理登机柜台。这时，只见一位怀抱着小女童的女士匆匆向他赶来。贺鹏远一边上前迎住乘客一边说："您别着急跑，小心别摔着孩子。"听这位赵女士说自己一家四口刚从CA982航班转机过来，由于进港延误，自己先带着小女儿过来看看能不能赶上国内的航班，而她先生和大女儿还在后面。贺鹏远先是耐心地向她说明这个航班已经关闭等情况，并马上联系售票柜台协助乘客进行改签，同时经请示值班经理同意，为她们一家免费安排住宿。

　　"赵女士，我已经为您安排好后续航班和今晚的住宿，希望您不要心急，带着两个孩子在北京好好休息，毕竟国际航班坐过来很累的。"听到机场人员的安慰和看到为她提供的热情帮助，赵女士连连感谢，然后牵着小女孩离开了。

半小时左右，赵女士抱着孩子又急匆匆地返回C10号登机口，贺鹏远急忙上前关心地询问。

"先生，我的丈夫和大女儿不见了，找不到他们可怎么办啊，我也没有国内的电话，快急死我了！"

"您别急，您别急，我帮您找人，这样，您把家人的姓名告诉我，我用广播帮您找他们。"

贺鹏远安慰完乘客立即用登机口的设备从C06到C14逐一进行寻人广播，并把情况及时上报给主管张晓璐。

这时已经下班的员工丛怀涛听到广播后也前来帮忙。"您有家人的照片吗？"丛怀涛试着想从其他办法入手，随后贺鹏远与丛怀涛一齐在附近的各个登机口帮忙进行寻找。主管张晓璐飞快地赶到登机口，并关切地说："您先在椅子上坐下，我们都在积极帮助您寻找家人，请您放心，我们一定会帮您找到的。"

后来经过仔细查询并向国际值机详细描述乘客的外貌特征和着装，终于在国航三位员工的不懈努力下，帮助这位女士找到了她的家人。赵女士感动得紧紧地握住张晓璐的手，眼中闪烁着泪光，激动地说："我们离开中国二十几年了，没想到这次回国能够遇到你们这些好心人，从你们身上，我们能够感受到国航的热情，你一定也要帮我向那两个男士表示我由衷的感谢，我虽然不知道他们的名字，但是我会一直记得他们的面容，我真的特别感动。"

案例点评

这样的形象最动人！航空形象并不只是好看的妆容和美观的发型，也不只是顾客满眼的高档服饰与豪华的机场设施，还有对顾客亲人般地真心关爱与始终如一的真诚帮助，这样内外兼修，周到备至的丰满形象也许才最感人，而感动的不仅国航员工和他们帮助过的赵女士一家人。

从这个真实的案例中，肯定会让大家吸取形象的感动元素，对航空职业形象塑造的理念理解得更加透彻和深刻一些，在今后的工作中塑造好职业形象。

任务三　航空职业形象的特点解析

要点提示

只有理解与掌握航空职业形象的基本特点，才可能保证个人在设计及塑造形象的过程中，会自始至终地用理性及积极的心态来对待个人的职业形象。并结合延伸阅读部分，认真领会航空职业人员应具有的职业形象以及良好的专业态度、正确的服务理念和标准化的服务行为。

一、航空职业形象的特点

基于航空职业形象本身的定义及所包含的内容,决定了其具有不同于一般职业形象的个性与特点。航空职业形象必然是独树一帜,具有鲜明的职业烙印。

航空职业形象的特点包含高端性、服务性、专业化、公司化、标准化,这"二性三化"共同展示出航空职业形象的五项功能性特点。高端性、服务性、专业化,即表明了航空职业形象所彰显出的层次及服务性、专业性要求等特点;公司化、标准化则表示航空职业形象是以公司为主体,并设立统一的执行标准的特性。因此,也可以清楚地了解航空职业形象特点本身持有的个性化程度。

图1-8所示为航空职业形象"二性三化"的五个基本特点图解。

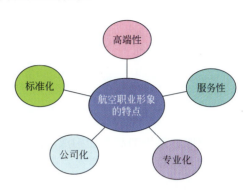

图1-8 航空职业形象"二性三化"的五个基本特点

二、航空职业形象的基本特点解析

1.航空职业形象的高端性

(1)工作性质属于高端服务职业 作为国内三大主要交通运营之一的航空公司,无论是从运营票价还是运载速度上都远远超越或领先于公路与铁路运输;承运顾客所用的飞行器具(飞机)与运营活动场所(机场)的舒适度也都较好;给乘客提供的服务方式及服务内容也优越于其他运输模式;挑战性的服务难度及服务要求相比较也是别的服务业所无法相提并论的。

(2)职业化程度要求高 航空公司在录取与使用服务人才时,对人才的各方面素质要求较高。除了具备一定的航空专业知识外,还要求在学历、年龄、身高、相貌、英语、口语表达、健康、体型等方面都设有严格的采用标准。

(3)高素质化的职业形象 工作状态中,对职业形象的保持度要求较高。要懂得化妆技巧、服饰搭配技巧、发型整理技巧、语言表达技巧、心理关怀技巧、公关技巧、协调技巧、突发事件的应变技巧,还要有较强的服务理念、良好的职业道德、敏感的反应能力、自觉的职业形象维护意识等。

(4)高层次印象 乘坐飞机出行,一直被大众百姓视为身份与身价的象征,体现着尊贵与高端,代表着一定的经济实力与地位阶层。因此人们对于航空职员有着另眼相看的特殊性心理,航空职业受到大众一致的敬慕。

(5)高收入职业的形象代表 一谈到航空职业,人们首先想到的就是工作环境好、收入高、工作要求高、入职门槛高,航空公司不好进。其实这里就表明了航空职业的高端化性质,严格的标准与条件是区别于其他普通职业的分水岭。

图1-9所示为航空职业形象高端性的五要素图解。

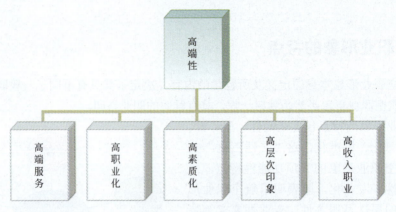

图1-9 航空职业形象高端性的五要素

航空职业形象的高端性构成，同时具备了高端服务、高职业化、高素质化、高层次印象、高收入职业五项基本要素。这"五高"中的每一个要素单元之间都存在着相互渗透性，有着内在的关联成分，拆去任何一项都必然不能独立地构成航空职业形象的高端性，必须是在共同存在与牵制的结果下产生，才可能突出地表达航空职业形象的高端性实质，进而证明这一高端性特点的充足性。

2. 航空职业形象的服务性

国富民强带来了中国旅游业及相关产业的蓬勃发展，随着国民经济实力的不断攀升，人们的出行方式也在发生着积极地改变，越来越多的商务活动和度假旅游的团队、个人或居家出行选择乘坐飞机。

（1）快捷到达　可以节省出大量的途中时间，减少成本，提高效率。

（2）舒适度好　空港及机舱环境，带给出行人员更多的温馨感。

（3）品位与品质的体现　人们可以享受到其他出行方式难有的体贴式服务。

因此，乘客选择飞机出行的同时，必然要求享受到与这种出行模式一致性的服务方式和服务内容：

①视觉感需求　要求服务环境、服务设施、服务人员的极大匹配。

②心理满足感需求　要求享受到高票价出行应有的高服务待遇。

③尊贵感需求　要求服务者有相当水平的高素质、高品位、高职业化的服务层次。

（4）重要乘客　简称VIP（Very Important Person），对VIP乘客要求在服务上体现出对这部分高端乘客或高级别会员更细微的服务，否则航空公司及服务人员良好的职业形象就会打上折扣。

航空职业形象的服务性体现在航空运营中的每一个细节处，无所不有。航空职业形象是航空公司开展航空运营活动的必要条件及先决因素，是维护好航空公司正常运营工作的保证，没有服务的支撑就难以谈及航空职业形象。

图1-10所示为航空职业形象服务性的五要素图解。从图1-10中就不难看出，航空职业形象中五个

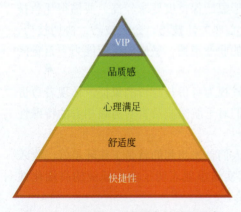

图1-10 航空职业形象服务性的五要素

鲜明特点的服务性，同样具备了五项最基本的构成要素。通过图示排列可以清楚地知道其中包含着明显的递增层次。对消费者或乘客来讲，首先他们追求的是选择走航线交通出行的快捷性；其次是出行途中的舒适度；再者是他们渴望尝试或者依赖乘坐飞机出行的一种心理的需要满足；再进一步就是对追求民航运输所给予个人或团队带来的品质感及形象需要；最高层次就VIP成员所要追求的尊贵服务与身份、财富、价值的体现以及安全象征。

而正是在这五项最基本要素的不断强化、体现与满足中，极大地促使着航空运输业在对乘客服务中的自我完善与提升。也使得代表与影响航空运输业声誉性的航空职业形象价值化，越来越受到社会、民众、航空公司及乘客的关注。

  延伸阅读

新加坡空姐的顶级服务

百度一下新加坡航空公司（简称新航）的官方网站，"享誉全球的顶级航空公司"的字条会赫然映入眼帘，这是新航的莫大荣耀，同时彰显着乘客乘坐新航班机的服务满足与乘机享受，无疑也标明着新航空姐最顶级的服务品质。

新航自1972年诞生以来，空姐外形独特、典雅，气质大方，内心温柔、细腻，服务体贴、周到的职业形象已成为了新加坡女孩（Singapore Girl）的形象代表，为此新加坡这个亚洲国度的优雅、好客和特殊风土人情在新航空姐身上得到了最好的诠释与象征，并已成为新航的代名词，也是新航备受其他航空公司赞誉，成为无懈可击的服务标准永恒的代表。

服饰形象：新航空姐制服由巴黎著名服装大师皮耶巴曼（Pierre Balmain）特别设计并使用蜡染印花布料制成，充分发扬亚洲热情待客之道的优良传统。现今人们普遍认为，这套于19世纪70年代首次引进的制服是新航空姐的独特象征。新航空姐的纱笼制服采用了四种颜色：酒红色、红色、绿色、蓝色，每种颜色都代表不同的级别，其中酒红色为最尊贵服色。新航空姐的纱笼卡巴雅制服，与众不同，卓尔不群，已成为新加坡航空公司最具识别性的标志之一。

微笑服务：新航空姐在对乘客的服务中始终面带着最真诚的微笑，而且历来注重服务细节，甚至在聆听乘客要求或提供服务时，是跪在地上的。为了让乘客感觉更加亲切，还会记住头等舱每位乘客的名字。一切以对乘客的关怀服务为服务的最高标准，这也是全世界航空公司完美服务的永恒象征。

入选条件：90%的新航空姐为新加坡籍或马来西亚籍。为了在语言方面为不同国籍乘客提供方便的服务，新航公司还从中国、印度、印尼、日本、韩国等国家和地区挑选符合条件的空姐。招聘时，新航会尽量选择和善亲切、有发自内心的服务意识的人。

专业培训："百炼成钢"这个词如果用在新航空姐的身上很是恰当。新航空姐会经过3～4个月的陆上培训，先在新加坡的培训中心学一些基本知识，其中包括仪态、妆容、服务理念以及沟通方式等。培训之后还要经过一次考试，通过考试的空姐会先在一些路程较短的线路上服务，而且会安排资深的空姐指导她们，3～6个月后，才会把她们安排上长途航线。即使是成熟的空姐，每年新航也都会安排她们去培训中心重新温习。

新航空姐是一个全球性的行销标识，也是航空业认知度最高的形象之一。这一认知度，使得新加坡航空公司在同行业中占有更多优势。1993年，新航空姐的蜡像进驻世界知名的

> 伦敦杜莎夫人蜡像馆，成为馆中第一个展出的商业人像。杜莎夫人蜡像馆方面表示，选择新航空姐的原因在于她反映了蓬勃发展的国际旅游业所表达的高品质形象。
>
> 　　新航空姐一直是新加坡航空公司国际市场开拓活动和广告推介活动的形象大使，她们无时无刻都如此高贵典雅，成为新航无数次营销活动中的亮点，并持续赢得世界各地乘客的青睐。新航的超值服务模式及超标准化的航空职业形象，使得新航一直被世人誉为顶级舒适和安全的航空公司，并多次获得各项国际大奖，新航空姐顶级的服务形象如今已誉满全球。

3. 航空职业形象的专业化

全球一体化的加速进程中，在国际化、规范化的服务程序的强制建立与作用下，是必将引领着未来中国的航空运输业朝着更加专业化的程度迈进，这是必然的发展导向。专业化不仅仅是指机场的运营规则，更是强调运营过程中的服务规范，都要求与国际接轨。不是简单的运客服务，而是高专业化、系统化的标准运作。这其中，高专业化程度的人才是首要的和最关键的一个环节，专业化服务形象的构建亦是重中之重，航空职业形象会更加注重航空服务人员的专业知识和专业技能的结合，航空专业理论的支撑是航空职业形象打造的首要保障。

4. 航空职业形象的公司化

目前世界范围内的民航运输体系，都是以公司化的经营模式开展有偿式运客服务活动的，公司化的经营管理模式出现，就必然决定着有公司化的职业形象元素构成及本公司个性化的特殊标志。

以中国的航空运输公司为例，这种情形下，包括中国国际航空公司、中国东方航空公司、中国南方航空公司等在内的各大航空，除了所使用的运载乘客的飞机上，有明显的"LOGO"（英文LOGOTYPE的缩写，表示徽标、商标）供人识别外，在飞机机舱内部，所有的用品上：餐饮用具、坐椅外套、毛毯，甚至是机舱内部装饰的整体颜色、花型都有公司化的标志性元素，在空乘服务人员的衣着服饰上也都有本公司精心设计的、能体现出及代表着公司职业形象的特别款式与造型以及佩戴有本公司的工作牌或胸卡等，足见职业形象的公司化情结十分浓厚。

5. 航空职业形象的标准化

航空职业形象相对一般性的职业形象而言，具有非常严谨的、高度的标准化要求，对职业形象的整体感关注十分强烈，形成了员工执行标准形象的自觉化、主动性的行为意识，具体体现在以下几个方面。

（1）标准化着装　强调服饰的一致性与整体视觉感效果。
（2）标准化妆容　强调妆容的自然大方、美观靓丽，产生一定的亲和力效果。
（3）标准化动作　强调使用规范化动作，树立良好的职业形象及品质感效果。
（4）标准化语言　强调使用标准化语言，产生柔和力、亲切感染效果。
（5）标准化微笑　强调标准式的面部微笑，传达内心深处的关怀效果。

图1-11所示为航空职业形象标准化的五要素图解。

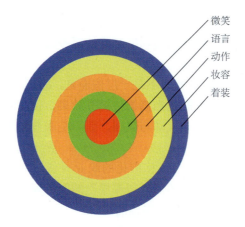

图1-11　航空职业形象标准化的五要素

从图1-11中可以看出，在标准化的五项基本要素中，"微笑"被排在核心位置上，这说明了微笑对航空职业形象者的特别重要程度。微笑的穿透力可以直达对方的内心深处，让人顿时生出一种信任感与亲切度。不过在这里还应该记住，微笑应是发自内心的、真诚的，并不是一种表演式的自我强求与工作应付，否则这样的微笑起不到任何作用与效果，还很可能会适得其反。

图1-12所示为航空职业微笑形象展示。

图1-12　航空职业微笑形象展示

"语言"的表达部分被排在了次核心的位置上，语言的作用对于航空职业形象者同样十分重要。因为它可以起到宣传推广、化解矛盾、扩大影响、提升形象的直接作用。恰当而合适的语言表述，不仅可以很好地使航空公司与顾客之间实现沟通上的无缝对接，也是让两者之间更加亲密的黏合剂与万能胶水。

"动作"一项处于中间的层面，也说明了动作的承接性，有着承上启下的诠释作用。动作是航空职业形象者内在和外在素质有机结合的表露，内心所要表达的与外部需要表达的对接起来，才是正确、合理的动作。动作既是肢体语言的一部分，也是个人心声的一部分，标准化的规范动作必须有理性的工作态度与训练有素的服务意识相支撑，才可能展现出一个职业者完美而优雅的形象动作。

对于航空职业形象者来说，"妆容"不是一层假面具，是有着画龙点睛作用的形象灵魂，所以标准化的职业形象离不开妆容的适当修饰与提升效果，使得职业者形象更加符合人们消费时的审美心理需求，妆容体现的是灵动与靓丽，而不是职业形象者自我张扬的心理满足与形象的妩媚及妖娆。

"着装"不只是穿件工作制服而已，标准化的职业着装，每一个细节处所包含的内容元素十分丰富，都代表着航空公司的整体形象与深层次的服务理念，航空职业者的着装不是随意性的，也不随个人的喜好而定，是工作岗位的需要。

航空职业形象的树立是航空专业人才优良的职业素质与牢固责任感的建立基础，也是为航空运输业的高端性、服务性、专业化、公司化、标准化服务铺设出一条平坦光明的大道；相应地也为航空专业人才开辟一条更加广阔的职业发展平台。有了形象的标准化作为保证，才能够彰显出完整统一的职业形象来。

❓ 思考与练习

1. 如何认识与理解航空职业形象？形象塑造的意义是什么？
2. 航空职业形象的基本内容及特点有哪些？
3. 谈谈航空职业形象的标准化具体有哪些要求？什么是内外在形象？
4. 什么是航空职业形象的服务性？你认为航空工作人员应如何做好服务？
5. 对本模块中的两个典型案例，你有怎样的认识与想法？
6. 从本模块的延伸阅读中，你又有哪方面的有关航空职业形象的收获？
7. 通过本模块的学习，希望怎样塑造好航空职业形象？

（本模块中图1-1～图1-7、图1-12由南昌理工学院提供）

CHAPTER 2

航空职业形象的发型设计

学习目标

1. 掌握发质的判定标准，清楚自己的发质情况。
2. 熟练应用洗护头发的正确方法与步骤。
3. 掌握盘发发型的设计技巧及成型步骤。
4. 熟练掌握客舱乘务人员常见发型的塑造方法。

学习任务

俗话说"靓不靓看头相"，从中可见发型对于衬托形象有着无可替代的作用价值。对于航空服务人员而言，要积极地关注到发型的设计与塑造。

通过本模块学习，掌握头发的保养与护理方法、发型的设计技巧、航空服务人员的头发造型及发饰的正确使用等内容，进一步完善个人的航空职业形象。

任务一　学会护理头发

好的发质才能打造出更加出彩的发型效果，所以头发的护理显得十分必要，这样才能让自己的头发看起来更加有光泽和有弹性。

通过本任务的学习，了解能使头发漂亮的方法，学会护理与保养头发。

一、了解自己的发质

1. 头发的概念

头发是指生长在头部的毛发。头发不是器官，不含神经、血管和细胞。头发除了使人增加美感之外，主要是保护头脑。夏天可防烈日，冬天可御寒冷。细软蓬松的头发具有弹性，可以抵挡较轻的碰撞，还可以帮助头部汗液的蒸发。

图2-1所示为头发的结构。

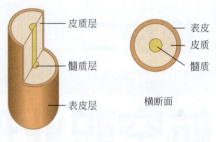

图2-1 头发的结构

2. 头发的作用

（1）美容作用　有一头亮丽乌黑的秀发，修理得整洁大方、长短适度，呈现在众人面前时，给人一种潇洒飘逸美的享受。

（2）保护作用　成千上万根头发包裹着头颅，自然形成头部的第一防线。浓密、健康、清洁的头发，能使头部免受外界机械性和细菌的损害，对身体的健康起着重要作用。

（3）感觉作用　头发的感觉比较灵敏，当外界环境对人体有所影响时，不管风吹雨淋，还是日晒火烤，首先感觉到的是头发，由它发出的信息传送到大脑，从而采取多种防护措施。

（4）形象作用　对于航空职业人员来讲，一个漂亮适合的发型，不仅能够提升整体的形象气质，还能显得十分精神，而且通过发型的恰当修饰，也会使得脸型饱满而突出，让美丽大方的容貌给乘客留下好感和好印象。

图2-2～图2-5所示为航空服务人员发型正面、侧面展示。

图2-2 男士短发正面　　图2-3 女士盘发正面　　图2-4 男士短发侧面　　图2-5 女士盘发侧面

3. 头发的特性

（1）硬发　硬发一般比较有弹性、密度大、头发含水量多，有光泽感。

（2）软发　软发发质细软、毛干直径小，弹性较差，不易造型，或造型后不能保持。

（3）油发　油发颜色黑亮，油脂量较高，抵抗力强，造型较难。

（4）沙发　沙发含水量少，缺少油脂、干枯、蓬松、不易造型。

4. 发质的分类

发质的类型由头发的天然状态决定，即由身体产生的皮脂量决定，不同的发质有不同的特性。

（1）中性发质　如果头发不油腻、不干燥，那么这种头发属于中性发质，是光泽、柔顺、健康的发质。中性发质的特征：既不油腻也不干燥，软硬适度，丰润柔软顺滑，有自然的光泽。油脂分泌正常，只有少量头皮屑。

（2）干性发质　如果头发无光泽、干燥、容易打结，特别在浸湿的情况下难于梳理，且通常头发根部颇稠密，但至发梢则变得稀薄，有时发梢还分叉，那么这种头发属于干性发质。干性发质的特征：油脂少，头发干而枯燥，无光泽；触摸有粗糙感，不润滑，易缠绕、打结；松散，造型后易变形。弹性差，头皮干燥、容易有头皮屑。特别在浸湿的情况下难于梳理，通常头发根部颇稠密，但至发梢则变得稀薄，有时发梢还分叉。干性发质是由于皮脂分泌不足或头发角蛋白缺乏水分，经常漂染或用过热温度洗发以及天气干燥等原因造成的。

（3）油性发质　如果头发细长、油腻缺乏光泽，需要经常清洁，那么这种头发是油性发质。油性发质的特征：头发油腻，触摸有黏腻感，洗发翌日，发根已出现油垢，头皮屑多，头皮瘙痒。发丝细者，油性头发的可能性较大，这是因为每一根细发的圆周较小，单位面积上的毛囊较多，皮脂腺同样增多，故分泌皮脂也多。

（4）混合性发质　如果头发头根部比较油腻，而发梢部分干燥，甚至分叉，那么头发属于混合性发质。混合性发质的特征：头皮油腻但头发干燥，靠近头皮1厘米左右头干多油，越往发梢越干燥甚至分叉，是一种干性发质与油性发质的混合状态。过度进行烫发或染发，又加之护理不当，很容易会造成发丝干燥但头皮仍油腻的情况。

（5）受损的发质　头发干燥，触摸有粗糙感，缺乏光泽，颜色枯黄。发尾分叉，造型难度大或不易造型。

二、学会正确护理

1.影响发质健康的因素

世界卫生组织的十条健康标准中，第九条就是头发有光泽，无头皮屑。头皮的健康事关到身体的健康，中国大约有一半以上的成年人存在头皮健康的各种问题，关爱自己的头发也是健康生活的一个标志。

而一直被遮掩在头发之下的头皮，也因为头发的缘故成了一片欲说还休的秘密地带。实际上头皮是全身第二薄的皮肤，头皮厚度仅为脚底皮肤的1/50，仅次于眼周皮肤。因此和眼周皮肤一样，头皮需要得到比脸部皮肤更为悉心的护理。

那么，影响发质健康的因素到底有哪些呢？

（1）睡眠影响　睡眠时间和质量是影响头发健康的因素之一。另外午觉对头发的健康也有一定的影响。规律而充足的睡眠也可以保证体内各种激素的正常分泌，让皮肤和毛发进行良好的新陈代谢。

（2）染发、烫发影响　染发、烫发至少间隔3个月左右进行，时间间隔越长越好，次数越少越好。另外吹风机使用不当，也会使头发干枯，失去光泽及弹性。

（3）环境影响　很多人都不太注意外界环境对头发的影响。其实，长期处于空调环境或者是空气湿度过低等，都不利于保护头发。特别是客舱乘务人员工作的客舱内，就属于较为干燥的环境，所以一定要特别注重对头发的护理。另外，夏天外出，处在阳光下最好要戴上遮阳帽。

（4）饮食影响　　饮食的均衡对头发是十分重要的。需要体内营养平衡，注意核桃、芝麻不要猛吃。应少吃高热量及高油脂含糖的食物，烟酒也会对头发有损害。

（5）情绪影响　　良好的情绪是保持头发弹性、有光泽的最好办法。当觉得累的时候，应该放下手头的事情，去散步或者是深呼吸，保持好心情，消除疲劳，头发才会光彩乌黑。

（6）洗发影响　　洗发频率和次数与头发的健康息息相关。洗头最好2天一次，过高频率的洗发会导致发根受损，从而脱发、掉发。正确的洗发方法将在后续内容中介绍。

（7）季节影响　　头发跟肌肤一样容易受季节的影响。例如，秋季头发缺水容易干燥，就要使用滋润洗发水，还可以对抗秀发因染烫过度引发的干燥枯黄。

（8）内分泌影响　　皮脂腺能产生多少皮脂主要由遗传基因决定，并随体内雄性激素水平而变化，一般年龄增大而出油减少。此外，良好的休息和饮食习惯也有助于改善油腻状况。

（9）头发干枯毛躁的原因　　主要有如下几种：头发过长，发根输送的营养无法被发干抽吸到（距离发根5厘米外发干的营养客观不足）；漂色、染发、烫发、拉直，或经常使用电吹风、暴晒等，这些情况都会破坏头发的角质蛋白，头发烫、染、漂后，发干，由圆形变成了扁形，发干吸取发根的营养能力变弱，甚至于无法吸取的情况下头发都会变得干枯毛躁。

2. 各种发质的养护方法

（1）油性头发的护理方法　　油性头发也称"油发"，是皮脂分泌旺盛所致。这种头发具有较强的抗侵蚀能力，但弹性不够。由于头油多，不利于毛发生长，时间久了易导致脂溢性脱发。油性发质的人员在护理时，建议使用控油兼具补水效果的产品，特别是一些添加薄荷因子、绿茶成分的产品，使用后效果会更好一些。另外还要注意饮食，多吃新鲜水果和蔬菜，饮食要清淡，这样有助于减少或舒缓头发油的问题。

（2）中、干性发质的护理方法　　中、干性发质属于相对健康的头发状态，这种发质的水油平衡状态相对较好。中、干性发质应使用能够平衡头皮及头发酸碱度值而且清洁能力适度的产品。过度滋养的清洁产品和高效清洁产品都不适合这样的发质，它们只会打破发质原有的状态，让发质变得糟糕。另外夏季蒸腾现象严重，此类发质可以倾向于有补水功效的洗护产品，以便得到更好的护理效果。

（3）受损发质和混合发质的护理方法　　不科学的过度造型，对秀发犯下许多美丽的错误，最终头发会变得分叉、易断，表面光泽尽失。这样受损的发丝中水分和养分都极度缺乏，尤其是在高温炎热的季节，发丝内部往往会出现严重的营养不良，此时应选择富含大量滋养成分的洗发产品。但此类产品清洁能力有限，建议夏季还应一周使用一至两次深层清洁功效的洗护产品。

（4）发膜的使用　　干发和受损发每周使用1次，补充毛发的油分和水分。每日按摩头部10～15分钟，促进血液循环，供给表皮营养，促进皮脂腺、汗腺的分泌。洗发后用少量橄榄油油发，每10～15天上油一次，每周作3～4次头部按摩，每次10～15分钟，洗发后用少量护发乳。

（5）定期修剪　　要养成定期修剪的好习惯，因为当毛发生长到一定的长度，发梢就会产生分叉、易断的现象，定期修剪可避免这种现象的产生，使发丝保持健康亮泽的状态。同时，定期修剪还可刺激毛发细胞的新陈代谢，刺激毛发的生长。

3. 正确梳头发的方法

（1）选择具有按摩性质的按摩梳，慢慢地从后脑勺开始，向上梳理头发，并且重复梳理，直至完全疏通发束。

（2）用按摩梳，从耳朵上方的位置处，由外向内的方向慢慢地梳理头发，另外一边也一样，可以重复多次。

（3）从额头方向，由前到后由上往下的方向，慢慢地梳理头发，可以重复多次来刺激按摩头皮肌肤的循环。

4. 护发中常见误区

（1）护发素涂在发根　由于洗发时头发毛囊打开，护发素涂在发根上，其中的化学物质容易渗入并堵塞毛囊。建议先理顺头发，沿耳朵附近往发尖方向涂抹发梢，一定不要让护发素碰到头皮。

（2）护发素没有冲洗干净　不少人认为，护发素残留一些在头发上能令头发更润泽。其实，残留的护发素容易混合灰尘黏附头皮，堵塞毛囊，引发炎症。因此，护发素涂抹后务必要冲洗干净。

三、正确清洗头发

1. 洗发产品的选择

（1）油性发质　油性发质的人很容易脱发或过早地掉发，这是由于头皮的油脂代谢失常，毛囊无法提供正常的头发生长需要，使头发失去本有的健康。所以此类型发质的人建议选择含有植物精华类成分的洗发产品，这样在清洗头发油脂的同时不会刺激头皮，用后会使头发显得干爽，光泽度、清新度较好。

（2）中性发质　人的中性发质比较理想，一般的洗发产品都能够使用。可选择一些含有滋养及润发作用的洗发产品，以防止掉发或白发，用后会使头发亮丽、饱满。

（3）干性发质　对于干性发质的人来说，应选择含有保湿及营养成分的洗发产品。例如，使用一些含有较高维生素营养成分的洗发品以及植物精华类型的洗发产品。

（4）受损发质　阳光照射、环境污染、带有化学成分的各种染发、烫发试剂及个人的生活习惯等都会造成头发不同程度的干涩、枯黄或分叉。针对这种类型的发质，应使用具有保养兼修护功能的产品。例如，含有蛋白质成分、营养修护成分的洗发产品，使其恢复头发的光泽及柔顺度。

（5）选购洗发水注意事项　根据个人的发质情况选购洗发产品，区分干、中、油性、受损发质，看清楚其中含有的营养成分及产品的性能。

因为不同的发质其对应洗发产品的功能要求也会有所不同，而一瓶洗发水的容量是有限的，成分中的性能总会有所偏重，所以在选购时，一定要先弄清楚自己的真实需要，不能盲目购买，否则适得其反。

如果是发质不太好的人，建议选择营养成分高，有修护功能且泡沫较为细腻的洗发产品；如果是每天都洗澡、洗发的人，建议最好是选择酸性或者弱酸性的洗发产品，这样不会过度刺激头皮的油脂分泌，影响发质的健康。

2. 清洗头发的步骤

（1）洗前按摩头皮　洗发前，建议在干发上适当地按摩头皮，按摩时，由下往上成螺旋状秩序，以每周2～3次为宜（但要注意用指腹部位，避免用指甲部分抠头皮）。也可使用专门的头皮护理产品按摩，舒缓头皮，以防止头皮过量地出油。

（2）正确的洗头步骤

第一步：洗前梳理。长发要先梳理开发尾部分，然后再从上往下进行梳理，这样才不至于拉扯及损伤到头发。

第二步：冲发。把头发用水冲到完全湿润。

第三步：洗发。将洗发水倒在手心里加水稀释，揉搓起泡再放到头发上（注意不能将洗发水直接倒在头皮上揉搓，这样会刺激头皮）。

第四步：清洗。清洗时，水温不宜过冷或过热，40℃左右为宜（建议使用花洒型水龙头，如果水柱力量太大会伤害头皮）。在沐浴洗发时，尽量抬头洗头发，不要面部朝下，以防长期下去会使得脸部皮肤松弛。

图2-6所示为正确的洗头方法。

图2-6 正确的洗头方法

3.洗发时常见误区

（1）洗头时用指甲抓挠　指甲抓挠会引起头皮损伤，进而引发感染，使头皮问题愈演愈烈，还可能因拉扯而使头发脱落。在使用去屑洗发产品时，正确洗发方法是：先在掌心揉出丰富的洗发水泡沫，再用指肚适度按摩头皮，以达到充分的清洁和去屑效果。

（2）不梳头直接洗　"皮之不存毛将焉附"，头皮对于头发来说非常重要。洗头前，先用蘸湿的梳子梳头，令附着头皮的污垢和灰尘浮于表面，才能同时洗净头皮和头发。为避免伤到头皮，建议使用宽齿缝、圆头的梳子。

（3）头发刚浸湿就抹洗发水　许多人头发刚刚浸湿就将洗发水倒在头上，殊不知，这样根本洗不净头发。抹洗发水前，要先用温水冲洗头发和头皮1分钟以上，去除七八成的污垢。随后，将洗发水倒在手心，加水打出泡沫后再抹在头发上，这样泡沫更丰富，能彻底洗净头发。

（4）湿着头发睡觉　头发湿的时候毛鳞片张开，此时头发很娇弱，不耐摩擦。如果在头发半湿半干的状态下睡觉，会导致角质层变薄，令头发变得干燥。

（5）洗完头马上外出　头发护理研究发现，头发受到的紫外线辐射量是脸部的两倍以上，紫外线会令毛鳞片变薄、剥落，洗完头马上外出，紫外线容易导致断发、分叉。若外出，最好撑伞或戴顶帽子，以防止紫外线对头发的辐射。

任务二　设计航空职业发型

要点提示

在航空职业形象的各部分塑造中，发型的设计也必然蕴含着一定的实际意义和道理，要清楚发型塑造中的完整性及美观度。

通过本任务的学习，掌握发型的设计技巧，航空职业发型中男、女标准发型的规范要求，女士盘发步骤等内容。

一、头型与脸型

1.头型的分类及一般发型常识

人的头型大致可以分为大、小、长、尖、圆等几种形状。通常可以有效地利用不同的发型来达到修饰头型的目的。

（1）头型大　头型大的人，不宜梳蓬松的发型，刘海也不宜梳得过高，最好能盖住一部分前额。

（2）头型小　发型要做得蓬松一些。

（3）头型长　由于头型较长，故两边头发应打毛蓬松，头顶部不要梳得过高，应使发型横向发展；

（4）头型尖　头型的上部窄，下部宽，不宜剪短发，顶部压平一点，两侧头发可蓬松些，使头型呈出椭圆形。

（5）头型圆　刘海处可以梳得高一点，头顶部要蓬松些。

2.脸型的分类

脸型是指面部的轮廓。根据中国人脸型和汉字的相似之处，通常将脸型分为六种类型：瓜子脸、目字形脸型、甲字形脸型、由字形脸型、申字形脸型、国字形脸型。

（1）瓜子脸（标准脸型）　瓜子形脸是标准脸型，特点是额头与颧骨等宽，同时又比下颌稍宽一点，脸宽约为脸长的2/3。这种脸型唯美、清秀、端正、典雅，是传统审美眼光中的最佳，但相对于现代人来讲，稍欠个性。

图2-7所示为瓜子形脸。

（2）目字形脸型（又称圆形脸）　圆形脸和国字脸一样，都是额头、颧骨、下颌的宽度基本相同，两者最大的区别就是圆形脸比较圆润丰满，有点像婴儿一样。所以就显得比较活泼、可爱、健康，很容易让人亲近。

图2-8所示为圆形脸。

图2-7　瓜子脸型

图2-8　圆形脸型

（3）甲字形脸型　甲字脸的特点属于上宽下窄，脸型轮廓清爽，秀美，给人以活泼、开朗的感觉。但由于脸部横向面积宽，如果面部妆容处理不好，也会产生严厉或者没有精神的感觉。

图2-9所示为甲字形脸。

（4）由字形脸型　由字形脸型的特点属于上窄下宽，额头较窄骨、下颌的宽度大，并有平直的棱角，给人大方的感觉。

图2-10所示为由字脸型。

（5）申字形脸型　申字脸的特征是颧骨较突，下巴尖瘦，此外，申字脸和国字脸的不同在于，申字脸的下巴比国字脸尖。

图2-11所示为申字脸型。

（6）国字形脸型　国字脸又称方形脸，还有长方脸，短方脸之分。方脸看起来主要是下颌骨侧方的下颌角比较壮实，面部很有立实感。

图2-12所示为国字脸型。

图2-9　甲字形脸　　图2-10　由字脸型　　图2-11　申字脸型　　图2-12　国字脸型

二、发型设计技巧

1.发型与脸型的关系

发型设计是一门综合的艺术，它涉及广泛，须掌握多门学科，影响发型设计的主要因素有：头型、脸型、五官、身材、年龄，其次还有职业、肤色、着装、个性嗜好、季节、发质以及适用性和时代性。合适的发型可以达到较好修饰脸型的目的。

（1）瓜子脸型　瓜子脸型是东方审美中最标准的脸型，其他脸型的造型目标是通过发型的修饰，使脸型看上去接近标准脸型即鹅蛋型脸型。

（2）圆形脸　圆形脸的基本特征：脸颊会比较圆润，下巴线条不够明显，颧骨区偏宽，腮红位置的脸颊丰满，下巴较短，所以圆形脸的发型设计要使得面部拉长。

圆形脸发型一般所遵照的造型原则：

① 修饰圆脸的轮廓性，要在改造其长度上想办法，让它看起来不再是圆的。最好的方法是让头发更丰盈，增加发顶的高度和饱满度，这样在视觉上可以将圆脸拉长。

② 在发旋的相反一侧做出分发线，可以增加顶部头发的高度，突出纵长的轮廓，从而掩饰圆圆的脸型。

③ 在刘海的位置注意做好分发，对圆脸的人来说，偏分可以突出脸部的纵向线条，是最

佳分法。

另外，圆形脸的人不管是盘发还是短发，拉长头部线条的方法是最适合的。

（3）申字形脸　申字形脸的基本特征：脸型长度较宽度更为明显，下巴较尖，头部两侧比较宽，容易让他人产生严肃感，所以发型的设计要整体看起来让面容更温和。

发型造型要点：

① 头部两侧突出比较明显的话，可以修剪出短且宽的圆润刘海，以突出头型的纵深感，使头部两侧突出的部分不至于过分明显。

② 让头部两侧突出较明显，突出秀气的尖下巴，塑造俏皮可爱的形象。

③ 头顶两侧头发要有重量感。

（4）由字形脸　由字形脸的基本特征：形似"梨"，又称梨形脸。由字形脸的特点是下颚骨凸显，头顶及额头偏窄，额头鬓发较长，下颚部较宽，如果没有做好发型修饰，看上去便像一个正三角形，要尽量让发型衬托出脸部的圆润感。

（5）甲字形脸型　甲字形脸型的基本特点：相对来说，甲字形脸型的人长得比较立体，大都脸型中段较宽双颊凹陷，颧骨是脸型最宽处，下巴较窄。这一类的脸形偏大，可以适当运用修剪构造进行改变。

甲字脸型发型一般所遵照的造型原则：

① 宽颧骨是菱形脸最大的特点，最好可以尽可能修饰一下这个特点。例如，利用较长的前发来修饰较宽的颧骨。

② 前发区分量要足，同时要避免在发型中修出纵长的线条或者直线条。中分线会使脸型显得更加细长，更加硬化，要尽可能用稍长刘海遮住额头。

③ 最好是侧面蓬松。宽颧骨会让人看起来很硬，而富有蓬松感的形状则会带来可爱的感觉，搭配一下会更好。

④ 根据自己头发流向在左或右侧做出偏分发线，斜向梳理，这样可使视线随着发丝的流向移向侧面，偏长的脸形会被修饰得圆润一些。如果脸够瘦削，那么头发尽量侧分，转移别人的水平视线，让视觉上脸部加宽些。

总之，甲字形脸最适合的发型就是饱满的刘海和后脑勺，能够和线条明显的脸型中和。

（6）国字形脸　国字形脸的基本特征：方形脸属于不大好打理发型的脸形，这种脸型头围较长，双颊偏丰满，整体上看脸型较宽，腮骨明显与额头宽度近似，下巴又比较短。别担心，尽管方形脸的发型不易打理，却不代表没有办法处理好。

国字形脸发型一般所遵照的造型原则：

① 国字形脸利用大侧分流海和左右不等长的轮廓，制造出不对称的重量感，破除方脸形状，也让脸型更立体。

② 方脸的人最在意自己宽宽的腮帮，修剪出长刘海可以转移视线，让腮帮不再突出。

③ 在形状上减少棱角感，让顶部头发蓬松，从视觉上拉长脸部轮廓，塑造圆润的外形轮廓，使脸型变得柔和。

另外，因每个人的脸长得并不匀称，某一边要比另一边华丽，侧分头发可偏向华丽的一边，将头发尽量往一侧梳，造就不平衡感，可缓解四方脸的缺陷。

2.客舱乘务人员常用发型塑造方法

客舱乘务人员的发型塑造不仅仅是为了个人的美观，更重要的是要符合航空职业的整体形象要求,个人不能脱离航空公司的规定而自行设计一个新潮的发型,只不过在掌握了发型与脸型的对应关系后,可以根据个人的脸型来具体地调整发型设计中的一些技巧及突显方式,更贴近脸型的需要。正所谓是同中求异,异中趋同,达到画龙点睛的形象美化作用。

(1) 头发造型中的分区　航空服务人员在发型成形前一定先了解个人的脸形、服饰、妆容等的整体形象下的调协统一,而后再进行发型的设计步骤,决定要将头发分成哪几个区域,还有各区域发量的多少,要重点关注到对脸型的必要修饰。例如,是偏分、中分、后梳或者是需要顶部拢起等,以达到通过发型塑造来更好地对型脸中的不足或者是对衬托的部位进行一定的美化与修饰的目的。

头部发区的形状可以根据发型的设计需要有针对性地划分,但具体还要根据各航空公司对空乘人员的发型规范中的要求进行实际操作。

基本的分区方式:

① 顶发区　顾名思义是在人的头顶部位,这在发型塑造中被认为是盘发的焦点,它是与其他分区相混合的整体;

② 后发区　处在顶发区的后下方偏上部位,在头发的造型中常用与弥补头顶部位因发质稀少等原因产生的凹凸缺点;

③ 后发区底部　处在顶发区的后下方偏下部位,在头发的造型中常用与弥补头型中的凹凸缺点,使发型整体一致;

④ 侧发区　处在头部的两则部位,在头发的造型中常用于弥补头部和脸形宽窄、肥瘦的不足;

⑤ 刘海区　处在顶发区的正前方部位,在人的额头上方,在头发的造型中常用于遮盖前额的缺点及调整脸形的长短。

虽然按照发型的操作手法对发区进行基本的分区,但对于航空服务人员来讲,也不必禁锢于以上的分区原则,而是按照公司的发型标准及实际需要,对头发进行分配扎束,以更好地塑造出符合航空公司对职员的规定标准及形象要求。

(2) 客舱乘务人员常用发型塑造方法　目前国内航空公司女士的常见发型,一般是发髻。这种发型塑造显得庄重典雅,充满东方女性的迷人魅力和温暖气息,发髻最能衬托出中国女性的面部轮廓,让五官更加明显起来,能很好地提升职业形象。

发髻也是目前客舱乘务人员普遍采用的发型塑造方法,因为梳理起来比较简单快捷,又最符合东方人的长相与气质,再加上发髻外面的发套与发饰品的点缀,清新靓丽,让人看起来多了几分的俏丽与亲切感。

另外,航空公司规定,客舱乘务人员一般只允许染黑色或接近发色的自然色,若白发过多者,建议染发。而长发必须束起,盘于脑后,可使用航空公司发放的头花或者发网,发网需呈现饱满状,碎发用发胶、发卡固定住,发卡数量一般不超过4枚。

图2-13　发髻侧面(1)

图2-13～图2-16所示为客舱乘务人员发髻。

图2-14　发髻侧面（2）　　　　图2-15　发髻侧面（3）　　　　图2-16　发髻后面

三、航空职业基本发型

1.常见的航空职业发型

（1）顶发区饱满型　顶发区饱满型盘发，是先将刘海区和头发顶区头发拉起或倒梳打毛后，制造出蓬松饱满的顶发区，顶发区头发与侧发区及后发区的头发扎成中马尾，再将中马尾在脑后盘成典雅发髻，用定型产品和发卡固定即可。此类发型比较适合瓜子脸、圆脸的女乘务人员，更能显示出她们的非凡气质。长脸型不适合。

图2-17所示为顶发区饱满型盘发。

（2）斜刘海型　斜刘海型盘发，是先将头发刘海区斜分，梳至耳后，用卡子固定在耳后，再将顶发区倒梳打毛后，制造出蓬松饱满的顶发区，顶发区头发与侧发区及后发区的头发扎成中马尾，再将中马尾在脑后盘成典雅发髻，用定型产品和发卡固定即可。此类发型适合鹅蛋形脸型、申字形脸型（斜刘海面积较大）、圆脸及较长脸型的女性乘务员，另外也适合脑门较宽的女乘务员。

图2-18所示为斜刘海型盘发。

图2-17　顶发区饱满型盘发　　　　　　图2-18　斜刘海型盘发

（3）轮廓饱满型　轮廓饱满型盘发是先将刘海区、顶发区及侧发区的头发分分别倒梳打毛后，制造出饱满的发型轮廓，再将将刘海区、顶发区、侧发区及后发区的头发扎成中马尾，再将中马尾在脑后盘成典雅发髻，用定型产品和发卡固定即可。此类发型适合各种脸型，包括申字形脸型、由字形脸型的女性乘务员，更显客舱乘务员的高贵气质。

图2-19所示为轮廓饱满型盘发。

图2-19 轮廓饱满型盘发

（4）常规型盘发　直接将长发后梳，然后将头发扎成中马尾，再将中马尾在脑后盘成典雅发髻，戴上发网或发套，用定型产品和发卡固定即可。

图2-20所示为常规型盘发。

图2-20　常规型盘发

（5）男士短发　男士短发要求：前不遮眉，后不触领，侧不留鬓，侧不遮耳。

图2-21、图2-22所示为男士短发侧面与后面。

 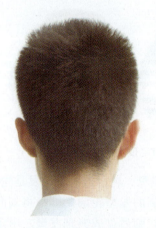

图2-21　男士短发侧面　　图2-22　男士短发后面

（6）女士短发　女士短发要求：前不遮眉，后不过领，无一丝乱发。

女士短发适合性格干练的客舱乘务员。一般女乘务人员短发要求长短整齐，不允许留超短发及怪异发型。

女士短发要求：刘海不能遮眉，露出双耳。发型：整齐盘起，一丝不乱。

图2-23、图2-24所示为女士短发侧面及后面。

 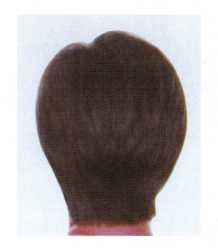

图2-23　女士短发侧面　　　图2-24　女士短发后面

2.航空职业发型的塑造步骤

（1）客舱乘务人员盘发发型一

第一步：将所有的头发拢到脑后，然后梳成一个马尾。

第二步：将马尾从左至右卷起。

图2-25所示为客舱乘务人员盘发发型一第一步和第二步。

图2-25　客舱乘务人员盘发发型一第一步和第二步

第三步：将发尾塞进一侧的头发中。

第四步：余下的头发往内收起。

图2-26所示为客舱乘务人员盘发发型一第三步和第四步。

第五步：用定型产品和小卡子固定即可完成这款盘发发型。

图2-27所示为客舱乘务人员盘发发型一第五步。

图2-26　客舱乘务人员盘发发型一第三步和第四步　　图2-27　客舱乘务人员盘发发型一第五步

（2）客舱乘务人员盘发发型二

第一步：首先将可以去除毛躁感的美发产品（如发胶）涂在整个头发上，这样的头发就非常平滑，扎成中马尾，用橡皮筋束起。

图2-28所示为客舱乘务人员盘发发型二第一步。

第二步：将刘海区、顶发区及侧发区的头发集中到一起之后，将头发在脑后以旋转的方法边扭边绕，呈S形绕成发髻。挽发髻的时候在手指上均匀抹上定型产品，一边挽一边帮助定型，用黑色发卡将挽好的发髻固定，喷上防毛躁发胶，两侧可用发卡固定碎发，也可以用定型产品。

图2-29所示为客舱乘务人员盘发发型二第二步。

第三步：用航空公司统一发放的发网将发髻固定，起到定型和美观的作用。

图2-30所示为客舱乘务人员盘发发型二第三步。

图2-28　客舱乘务人员盘发发型二第一步　　图2-29　客舱乘务人员盘发发型二第二步　　图2-30　客舱乘务人员盘发发型二第三步

（3）客舱乘务人员盘发发型三

第一步：首先将可以去除毛躁感的美发产品（如发胶）涂在整个头发上，这样的头发就非常平滑，然后扎成中马尾，用橡皮筋束起。如果是顶发区饱满型盘发，要先将头发顶区头发拉起或倒梳打毛后，再将头发扎成中马尾。

第二步：将刘海区、顶发区及侧发区的头发集中到一起之后，将头发在脑后梳成发辫再圆盘，辫发的时候在手指上均匀抹上定型产品。用黑色发卡将挽好的发髻固定，喷上防毛躁发胶，两侧可用发卡固定碎发，也可以用定型产品。

图2-31、图2-32所示为客舱乘务人员盘发发型三第一步和第二步。

第三步：用航空公司统一发放的发网将发髻固定，这款盘发发髻完成。

图2-33所示为客舱乘务人员盘发发型三第三步。

图2-31　客舱乘务人员盘发发型三第一步

图2-32　客舱乘务人员盘发发型三第二步

图2-33　客舱乘务人员盘发发型三第三步

图2-34～图2-36所示为客舱乘务人员盘发发型三后面、侧面、正面。

图2-34　客舱乘务人员盘发发型三后面

图2-35　客舱乘务人员盘发发型三侧面

图2-36　客舱乘务人员盘发发型三正面

健康头发有讲究

一头漂亮的头发可以为形象加分不少。那么，除了前面介绍的做法外，还有哪些能让头发健康的秘诀呢？

（1）头部按摩　头皮内的毛囊需要经常地进行按摩，以促进头发的健康生长。在晚上睡觉前和早上起来后，可用双手有秩序地按摩发根。

（2）补充水分　身体内的水分太少也会使头发失去应有的光泽，甚至分叉。因此，平时要多喝水，以达到补充头发需要水分的目的。

（3）心情舒畅　俗话说"心闲长头发"，可见一个人的心情对头发的生长有着极大的影响。所以在日常工作、学习或生活之中，要时刻保持快乐舒畅的心情，这样不仅有利于身心健康，更会利于头发的生长及保鲜。

（4）避免人为损伤头发　在梳头、盘发、洗护的过程中切记动作不易过强，更不能使劲地拉扯头发，只有细心地呵护好头发，才能保持好发质的永久性。

（5）选用优质护发用品　不正确的头发护理或者不护理头发，都难以达到保鲜头发的目的。而使用品质好的护发产品，对头发进行定期护理，这样才能保持头发内的水分不会流失，进而使发质更加地光泽有弹性。

思考与练习

1. 一般将发质分为哪几类？
2. 洗护头发常见误区有哪些？
3. 为什么航空乘务人员要将发型设计成后梳发髻？
4. 客舱乘务人员发型的标准要求（长发、短发）分别是什么？
5. 女生为自己设计三种常见的客舱乘务人员发型。

（本模块中图2-2～图2-5、图2-14～图2-16及图2-20～图2-22由南昌理工学院提供；图2-31～图2-36由西安航空职业技术学院提供）

航空职业形象的妆容设计

学习目标

1. 熟练掌握基础妆容的化妆步骤及要求。
2. 熟练应用航空服务（客舱）职业妆容的化妆步骤。
3. 明确航空服务（客舱）职业妆容的化妆各步骤的注意事项。
4. 掌握职业妆容维持和清洁的基本方法及注意事项。

学习任务

俗语说"人靠一张脸，树靠一身皮"，透过人的面部形象，可以窥见其精神及内心形象，小脸庞大世界，足见面部妆容对于职业形象所起到的重要作用。

通过本模块学习，掌握面部妆容的基础知识、化妆流程、客舱乘务人员的妆容设计步骤及要求，并且清楚各种化妆品的具体应用等。

任务一 色彩分析及运用

 要点提示

妆容基础是面部妆容设计的原始及根本。要想打造出一张清新靓丽的航空职业面容，必须熟悉与了解色彩常识及其应用效果，这样才能做到对化妆用品的选择与运用得心应手，对妆容一丝不苟。

通过本任务的学习，熟悉色彩原理、掌握色彩的基本属性，用好化妆品。

一、色彩的基础知识

1. 色彩的基本常识

绚丽多彩的生活,每时每刻都要接触到颜色。世界如果没有色彩的装饰将会失去感性外观的美。在生活中,人们总会依照自己的面容,体形条件和各自的审美趣味去追求妆容装饰的色彩搭配美。为此,航空服务人员都应系统地学习有关色彩的基本原理、化妆色彩的调配、色彩的基本性质、色彩的对比关系、色彩的错视等方面的知识。

赤、橙、黄、绿、青、蓝、紫是太阳发出的七种色彩光,这七种色光是太阳光的基本色,将不同可见波长的光混合起来,会看到不同的色彩。例如,一块红布,我们之所以感到它是红色的,是因为红布吸收了自然光中的橙、黄、绿、青、蓝、紫色光,而只反射了红色光,所以布呈现红色。这就是物体对光有吸收,有反射的结果。

2. 色彩的三要素

颜料的三原色是红、黄、蓝,这三种颜色是色彩之母,叫"三原色"。由两种不同色的原色相混合即产生的颜色称为"间色",再相混合称为"复色"。色彩分冷暖性质。暖色调有红、黄、土黄、棕色等;冷色调有蓝、绿、青色等。任何一种色彩都具有色相(色彩的相貌)、色彩的明度(色彩的明亮程度也是色彩的深浅、浓度)、色彩的纯度(颜色的鲜艳程度),三者称为色彩的"三要素"。

化妆用的颜色上很少用纯度高的色彩,因为人的肤色纯度较低,如果把"饱和色"用在面部上,色彩反差太大就不自然了。纯度高的色彩难与肤色相协调,所以化妆尽量用间色与复色,必须懂得色相与色相组成搭配的效果。不懂色彩与色彩之间的联系,也就无法画出统一的色调,就不会产生和谐的美感。

图3-1所示为12色相环与24色相环。

依照"色相、纯度、明度"三要素来识别色彩。

(1)从色相上分辨,是确定颜色的名称。例如,天蓝、藏青、橘黄、紫红、玫瑰红……通过色相的比较与区分,就能叫出各种色彩的名字。

(2)从纯度上分辨,是确定颜色中所含有色成分的比例。当然比例越大则纯度越高,比例越小则色彩的纯度则越低。从对色彩的使用角度上看,正是由于纯度的千差万别才形成了多姿多彩的颜色世界,美化着我们的生活空间。

(3)从明度上分辨,是确定颜色的明暗强弱。例如,黄色明度最高,红、绿色为中间明度,蓝紫色明度最低。

图3-1 12色相环与24色相环

图3-2所示为色彩的色相和明度。

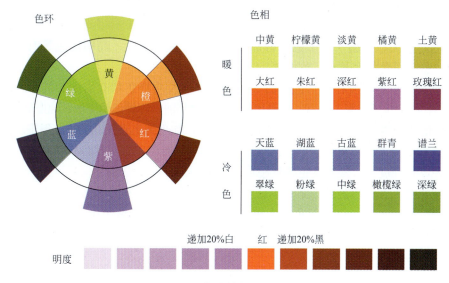

图3-2 色彩的色相和明度

二、色彩的属性及视觉变化

1. 色彩的基本性质

（1）色彩的冷、暖感 色彩本身并无冷暖的温度差别，是视觉色彩引起人们对冷暖感觉的心理联想。各种色相的冷、暖感觉，在心理学上叫心理色相。大千世界色彩斑斓，了解色彩的心理色相，把握相应的色彩性质对于化妆来说是十分重要的。

① 暖色 人们见到红、红橙、橙、黄橙、红紫等色后，马上联想到太阳、火焰、热血等物像，产生温暖、热烈、危险等感觉。

② 冷色 见到蓝、蓝紫、蓝绿等色后，则很易联想到太空、冰雪、海洋等物像，产生寒冷、理智、平静等感觉。

③ 中性色 绿色和紫色是中性色。黄绿、蓝、蓝绿等色，使人联想到草、树等植物，产生青春、生命、和平等感觉。紫、蓝紫等色使人联想到花卉、水晶等稀贵物品，故易产生高贵、神秘的感觉。至于黄色，一般被认为是暖色，因为它使人联想起阳光、光明等，但也有人视它为中性色，当然，同属黄色相，柠檬黄显然偏冷，而中黄则感觉偏暖。

（2）色彩的轻、重感 这主要与色彩的明度有关。明度高的色彩使人联想到蓝天、白云、彩霞及许多花卉还有棉花，羊毛等。产生轻柔、飘浮、上升、敏捷、灵活等感觉。明度低的色彩易使人联想钢铁，大理石等物品，产生沉重、稳定、降落等感觉。

（3）色彩的软、硬感 其感觉主要也来自色彩的明度，但与纯度亦有一定的关系。明度越高感觉越软，明度越低则感觉越硬，但白色反而软感略高。

（4）色彩的前、后感 由各种不同波长的色彩在人眼视网膜上的成像有前后，红、橙等光波长的色在后面成像，感觉比较迫近，蓝、紫等光波短的色则在外侧成像，在同样距离内感觉就比较后退。

实际上这是视错觉的一种现象，一般暖色、纯色、高明度色、强烈对比色、大面积色、集中色等有前进感觉，相反，冷色、浊色、低明度色、弱对比色、小面积色、分散色等有后退感觉。

（5）色彩的大、小感　由于色彩有前后的感觉，因而暖色、高明度色等有扩大、膨胀感，冷色、低明度色等有显小、收缩感。

（6）色彩的华丽、质朴感　色彩的三要素对华丽及质朴感都有影响，其中纯度关系最大。明度高、纯度高的色彩，丰富、强对比的色彩感觉华丽、辉煌。明度低、纯度低的色彩，单纯、弱对比的色彩感觉质朴、古雅。但无论何种色彩，如果带上光泽，都能获得华丽的效果。

（7）色彩的活泼、庄重　暖色、高纯度色、丰富多彩色、强对比色感觉跳跃、活泼、有朝气，冷色、低纯度色、低明度色感觉庄重、严肃。

（8）色彩的兴奋与沉静感　其影响最明显的是色相，红、橙、黄等鲜艳而明亮的色彩给人以兴奋感；蓝、蓝绿、蓝紫等色使人感到沉着、平静；绿和紫为中性色，没有这种感觉。纯度的关系也很大，高纯度色兴奋感，低纯度色沉静感。

2. 色彩的对比关系

色彩之间的对比有强对比和弱对比之分。强对比效果鲜明、强烈、光感强、清晰度高。如：红与绿对比，红更加鲜红，绿更加青翠；黑与白并列，白色更白亮，黑色更加黑暗。弱对比效果更柔和、含蓄、色度差距小、清晰度低。例如，橙与黄、蓝与紫它们都是邻近色相，对比平淡，缺乏生气，明度不强。

在化妆的色彩上要注意头发、眉毛、唇红、面颊红、眼线与面部肤色之间的对比关系。只有处理好明度和纯度的对比关系的相应变化，才能取得妆感上良好的调和效果。

3. 色彩的错视

所有色彩之间都存在对比关系。由于这种关系的作用，可以使人在视觉上产生色彩的错视现象。例如，当两块同形状、同面积的黑布与白布相对比时，黑布内缩离我们远，白布扩张离我们近，同时还会有黑布小，白布大的感觉。这就是冷、暖色调在人们心理视觉的作用。

如果配色得当，色调就能和谐、柔和，整个妆面会呈现出光彩。所以适当地提高或者降低其中任何一种色相的纯度或明度，就会使整个妆面变得调和。

任务二　航空职业妆容设计

要点提示

　　航空职业妆容设计离不开基础妆容的练习，要掌握好各类化妆用品的性能及具体的使用方法，重点关注客舱乘务职业妆容的特点及化妆步骤。

　　通过本任务的学习，把握住客舱乘务职业妆容的要求、设计步骤及客舱乘务职业的标准妆容等，打好航空职业形象的妆容功底。

一、航空职业妆容步骤及设计技巧

1. 妆容的分类

一般来讲,将妆容分为五大类:影视妆、时尚妆、戏剧妆、创意妆和民族妆,而航空职业妆容则属于时尚妆中的一类。另外,现实生活中最常见的时尚妆还包括生活淡妆、生活彩妆、韩妆、透明妆、烟熏妆、小烟熏妆、猫眼妆、芭比娃娃妆、晚宴妆、舞台妆、水果妆、巧克力妆、创意妆、新娘妆等。

学习与掌握航空职业妆容的技法,首先要从妆容的基本画法开始,逐步深入地学习有关客舱乘务人员的妆容步骤及日常的实际应用。

2. 化妆的基本步骤

由于工作环境及工作性质的不同,航空职业妆容有别于其他的一般妆容,一定要大方典雅、彰显亲和,绝不是简单地涂脂抹粉,因此在设计妆容时,要强调精准、细致、一丝不苟。为了更好地帮助初学化妆者准确地理解与使用好化妆产品,我们对照化妆过程中的每一个步骤与细节点进行翔实的介绍。

一般情况下,将化妆分为三个阶段,每个阶段都应用不同的化妆品。

第一阶段:基础护肤。卸妆 → 补水、保湿 → 隔离、防晒。

第二阶段:基底化妆。粉底 → 遮瑕 → 高光 → 暗影 → 散粉 → 修容。

第三阶段:专业化妆。眼部 → 眉毛 → 唇 → 腮。

按照化妆的流程,分别关注相应的化妆品的选择和使用以及注意事项,可以从中很好地掌握住化妆的步骤与细节,对于妆容的修饰更加自如。

图3-3、图3-4所示为航空职业妆容。

图3-3　航空职业妆容(1)　　图3-4　航空职业妆容(2)

3. 各阶段化妆品的选择及具体应用

图3-5、图3-6所示为脸部T区和U区。

第一阶段:基础护肤。卸妆 → 补水、保湿

(1)卸妆产品　卸妆是护肤基础中的基础,却经常被忽视。如果残妆中的油性污垢,没有经过卸妆程序彻底地清除干净,就会严重地阻塞毛孔,细胞不能顺畅呼吸,妨碍皮肤正常的新陈代谢,甚至还会滋生出暗粒、粉刺。

卸妆产品有：卸妆油、卸妆水、卸妆乳、卸妆霜等，丰富多样。而不同产品的成分、质地、功效也相差很多，需要依据个人的肤质需要，选择使用。

① 卸妆油

a.卸妆油的作用　完整妆面和浓妆（油性肤质尽量少用）。使用卸妆油之后，最好再用洗面产品清洗一次，以保证彻底地清洁面部。

b.使用建议　在卸妆油的使用中，建议采用植物为原料的产品，尽量不使用化学原料为主的产品，这样会对皮肤起到很好的保护作用。另外，还有其他一些天然绿色的植物油提炼而成的卸妆油，能迅速渗透于肌肤里层，溶解顽固的彩妆、污垢、黑头等，清除肌肤内堵塞毛孔的角栓，使得毛孔通畅干净。

图3-7所示为卸妆油。

图3-5　T区

图3-6　U区

图3-7　卸妆油

c.卸妆油的使用方法　步骤如下。

第一步：眼部卸妆。将吸收了卸妆产品的棉片放置下眼皮处，用棉签沿睫毛根部向下仔细擦拭，祛眼影时可将整张棉片覆于眼皮从上至下轻擦。

第二步：唇部卸妆。将化妆棉蘸取充分的卸妆油，从嘴角向内擦拭，卸除积于唇部口红。唇线部位，可用蘸取卸妆产品的棉签按轮廓擦拭，用力要轻。

第三步：脸部卸妆。倒一些卸妆油在掌心温热，用无名指肚把卸妆油均匀地涂满脸庞，并按从内向外、从下向上的原则，不断地用指肚打圈按摩，直到妆容完全浮出。眉尖、下巴、鼻翼这些重点部位，用指肚仔细揉搓，温水清洗。

第四步：卸妆清洗。取适量的洁面产品揉搓到起泡，将泡沫轻轻打圈在脸上按摩，千万不要太用力，然后用温水充分清洗面部。

② 卸妆乳、霜

a.卸妆乳、霜的作用　卸妆乳、霜可以很好地去污润肤。特别是干性、中性肌肤者使用最佳。

b.使用建议　卸妆霜的质地相对较厚，一般可以用来清除较为全面的妆容；卸妆乳的质地更加轻薄清爽，一般用来清除比较简单的妆容。使用这类卸妆产品是用手指画圆圈的方式溶解彩妆，不能将它们当成按摩霜，防止妆容污垢让皮肤重新吸收。

图3-8所示为常见的洁面乳。

图3-8　常见的洁面乳

c.卸妆乳的使用方法　步骤如下。

第一步：保持手、脸干燥（潮湿的环境会减弱卸妆乳的清洁效力）。

第二步：用双手预热卸妆乳（卸妆乳温度比肌肤低，会令毛孔收缩）。

第三步：用手指指腹轻轻揉开，由内而外轻轻打大圈（能够帮卸妆乳更好的溶解毛孔内的妆容）。

第四步：打湿化妆棉，轻轻擦拭掉面部妆容（减轻对肌肤的刺激度）。

第五步：浓妆可用卸妆乳卸两遍，直到面纸擦不出任何颜色为止。

第六步：卸妆完后用洁面产品洗脸，保证面部肌肤的深层清洁。

③ 卸妆水（含水量多）

a.卸妆水的作用　相比其他卸妆产品，卸妆水中的大多数水分还可以保证肌肤的含水量，令肌肤清爽水嫩。卸妆水适合敏感性肌肤、油性肌肤、混合性肌肤的人使用。

b.使用建议　建议采用温和卸妆的方法，这样能起到不刺激皮肤的效果。例如，使用味道清香、不刺鼻、清爽并保湿的卸妆水，还有含有植物元素成分的产品，以减少皮脂制造，消除皮炎状况（如果是其他场合下的浓妆、防水性妆容，或是烟熏妆容，请使用卸妆能力较强的卸妆油类产品）。

图3-9所示为卸妆水。

c.卸妆水的使用方法　步骤如下。

首先是眼部卸妆。

图3-9　卸妆水

第一步：用化妆棉蘸满卸妆液，敷在眼皮上3秒，待妆容溶解再擦拭。

第二步：中指稍稍用力，顺着眼皮鼓出来的方向，朝外擦拭，更换化妆棉重复此步骤，直到化妆棉上没有颜色。

第三步：用蘸上卸妆液的棉签卸掉上下睫毛的睫毛膏和上下眼线，手法要轻。

其次是唇部卸妆。

第一步：嘴唇轻抿，用化妆棉蘸满卸妆液，敷在唇上几秒，等待彩妆溶解。

第二步：从嘴角往中间擦拭，用力不可太大，要把唇纹中的唇膏擦掉，更换化妆棉再擦拭，直到化妆棉上没有颜色。

最后是脸部卸妆。

第一步：用化妆棉蘸取适量的卸妆液。

第二步：用化妆棉由内向外侧小心的擦拭，连续用化妆棉擦拭2～3次，到化妆棉不留下粉底的颜色为止，化妆棉使用过后，就应立即丢弃，避免再次使用。

第三步：用常温水洗洁干净，再用洁面产品清洁一遍。

（2）补水、保湿产品　常规的保湿产品：原液、高机能化妆水、精华液、凝胶、乳液、乳霜及面膜。

① 原液　原液比精华液更好，能给肌肤更集中、强效的保养，让肌肤在短时间恢复最佳状态。其中玻尿酸原液是公认的最有效的补水保湿物质，分子量极小，能渗透至肌肤内部补水保湿。

② 化妆水

a.化妆水的作用　化妆水可以分为四类：爽肤水、收敛化妆水、柔肤水、保湿化妆水。化妆水是透明的液体，涂抹在皮肤的表面，用来清洁肌肤、保持肌肤的健康。爽肤水、收敛化妆水适合气候较热，脸上比较爱出油的天气使用，柔肤水适合干燥的季节使用。保湿化妆水能帮助肌肤补充足的水分，调节肌肤的水油平衡。

b.使用建议　挑选美白化妆水时看是否温和不刺激，很多美白成分容易引起过敏，还有一些美白成分会受光照影响，所以最好在晚上使用。另外，美白成分通常不太稳定，不宜放置过久，否则美白成分会大大降低或消失。

c.化妆水的使用方法　步骤如下。

第一步：使用棉片前，应该先确定手掌上棉片的方向，棉片上的纤维走向应该保持与手指垂直。

第二步：让化妆水充分浸润棉片，大约每次3毫升，充分浸润棉片却又不会滴落的程度。

第三步：轻轻擦拭全脸肌肤，以达到再次清洁的效果。

第四步：再次滴如入1分钱硬币大小的化妆水，用按压的方式让化妆水渗透进肌肤。

第五步：用手掌温润按压揉搓手掌提高手心温度后，按压脸部肌肤，加速和促进化妆水的渗透。

第六步：用手掌轻拍提亮，轻轻拍打，轻微的刺激可使微血管畅通，运入充足的氧气，以滋润肌肤，同时增加肌肤的明亮感。

③ 精华液

a.精华液的作用　精华液，适用于油性肤质，宜放在小瓶中，随时取用；精华露，适用于中性肤质，比精华液稍浓，水、油成分比例适中；精华素面膜，将精华素溶于面膜中，以敷面的方式促进肌肤对养分的吸收；精华素针剂，将精华素制成注射用药剂，效果迅速（但需由专业美容师操作，只适用于专业美容院等机构）；精华素胶囊，各色形状可爱的胶囊，用针一刺，液体就冒出了来，挤在手上，薄薄涂于面部。

b.使用建议　有一些适合每天使用的精华素，一定是配合着专门的洗面奶、乳液、晚霜同系列使用，而不能单独代替面霜使用。即使一些精华元素比较充分的精华素也不可以连续使用，一般1周2～3次。每次的合适用量，夏天每次2～3滴，冬天每次3～5滴。

c.精华液的使用方法　精华素应该在清洁完皮肤，均匀涂抹柔肤水、软肤水后使用，切忌洁肤后马上使用。精华素用于爽肤水之后，护肤霜之前。可以令精华素的养分更充分、直接地进入皮肤深层，令皮肤的柔软性、弹性更好。

另外，晚上临睡前在清洁过的面部涂抹一点点，均匀涂抹，轻轻按摩几分钟，让精华素被吸收。按摩的基本手法为自下而上、自内向外打螺旋，重点部位重复按摩。精华素需要在脸上停留至少20分钟，其中的营养成分才能被肌肤吸收，然后洗掉。若感到不舒服或者出现皮肤发红等不良症状应暂停使用，这表明已经超出了肌肤的承受能力。

④ 凝胶　凝胶的特点就是水感、滋润、清爽，适合油脂分泌正常的年轻肌肤或油性肌肤。

⑤ 眼霜

a.眼霜的作用　眼霜有滋润的功效，除了可以减少黑眼圈、眼袋的问题以外，同时也具备改善皱纹、细纹的功效。但是不同的眼霜其功效及作用也不一样。眼霜的种类很多大致分为眼膜、眼胶、眼部啫喱、眼贴、精华素等；从功能上分为滋润眼霜、紧实眼霜、抗老化眼霜、抗过敏眼霜等。

b.使用建议　不宜过多使用，因为眼部皮肤极薄，眼霜用得过多不易吸收，相反更会造成负担加速衰老，还有可能造成脂肪粒，影响眼部的美观度。眼霜应该早晚都用。同时涂抹眼霜时注意手的卫生，避免二次污染，尤其是指甲缝要清洗干净。且不可用面霜代替眼霜，面霜和乳液也应该避开眼部进行使用。

c.眼霜的使用方法　步骤如下。

第一步：在早晚洁肤使用过化妆水后，用无名指取绿豆大小的眼霜，两个无名指指腹相互揉搓，给眼霜加温，使之更容易被肌肤吸收。

第二步：以弹钢琴的方式，均匀地轻轻将眼霜拍打在眼周肌肤上，着重在下眼窝和眼尾至太阳穴的延伸部位多加涂抹。

第三步：先从眼部下方，由睛明穴向眼尾轻轻按压，然后从眼部上方，由内向外轻轻按压。

第四步：用中指指腹从眉头下方开始，轻轻按压，再沿着眼眶，由内向外轻轻按压。

第五步：用中指指尖，轻轻按压鼻翼两旁的迎香穴，促进眼部肌肤的血液循环。

第六步：在每周的面部护理中，也可以在最后的步骤里加入眼膜的使用，帮助减缓眼部的压力。

⑥乳液

a.乳液的作用　乳液具有良好的润肤作用，也有保湿效果。乳液还兼具水性增湿成分和油性保湿成分，保湿机能完善，却又不会给肌肤太大的负担。只要不是太油的肌肤，都很适用。

b.使用建议　白天使用的乳液必须考虑到紫外线的因素，所以建议选择具有防晒功效的防护型乳液；晚上肌肤则会自动进入修护阶段，因此不妨选择具有美白、保湿、修护等功能的乳液。化妆水不能替代乳液，化妆水只能暂时性滋润皮肤，想让化妆水的成分保留在肌肤内，需要再使用乳液把水分较好地锁在皮肤内。脖子部位的油脂分泌量非常小，更需要补充水分及油脂，因此每次涂抹护肤品时都要将动作延伸至脖子，涂抹到与脸上相同的护肤品，以避免脸和脖子的明显差别。不同肤质不同选择，如果乳液上注明是"清爽型"的话，就说明它的含油量会少一些，更适合混合型或偏油性的肌肤使用。

c.乳液的使用方法　在洁面，使用过化妆水和眼霜之后，将适量的乳液倒入掌心中，由脸部易干燥的脸颊或眼睛四周开始涂抹，沿肌肉走向轻轻抹开。干性肤质可以多涂一些，T形区要少抹一些。涂得太多或油性肤质者，可用面巾纸轻轻按压，吸去多余的油脂。

乳液使用时，不要一开始就全脸涂抹，而是哪里最干就先涂抹哪里。涂抹乳液既不是用手掌，也不是用指尖，而是要用指腹的力量，指腹的力量适中而且具有弹性，皮肤感觉最舒服。同时还要加上按摩的动作，才更有利于皮肤的吸收。按摩要从脸的中央部位向外做轻轻的按摩推开，直至被皮肤完全吸收。

乳液的使用量是不要超过化妆水的量，大约花生米大小即可。但如果感到肌肤非常疲倦或肤色暗沉时，就说明肌肤需要更多的水分和营养，这时要加大使用量，使用到两个花生米大小的量，让肌肤得到更多些的水分和营养。

⑦面霜　面霜的作用主要是完整防范水分流失，所以是最"补"的保湿产品，其水性增湿成分和乳液差不多，但是油性保湿成分却大大增多了。相对于乳液来讲，面霜质地比较厚重，适合干性肌肤的人或者是比较干燥的季节，如秋冬季使用，虽然两者的质地成分不同，其作用都是锁水和保湿。

（3）隔离、防晒产品

①隔离霜

a.隔离霜的作用　在护肤与彩妆品之间加一道隔离霜，以隔离彩妆和脏空气，也能使妆容更加细腻、服帖。后来在隔离霜中添加了防晒成分，就制成了防晒隔离霜。

b.使用建议　可根据颜色选择适合的隔离霜。紫色，可以使皮肤呈现健康明亮、白里透红的色彩，适合普通肌肤、稍偏黄的肌肤使用；绿色，可以使肌肤呈现亮白的完美效果，还可有效减轻痘痕的明显程度，适合偏红肌肤和有痘痕的皮肤；裸色隔离霜，修饰泛红或黑眼圈；粉红色隔离霜，适用于惨白或无血色的肌肤。

c.隔离霜的使用方法　步骤如下。

第一步：清洁皮肤，补水，保湿之后，双手保持干燥。

第二步：取适量隔离霜于两颊处，额头，下巴，用中指和无名指两个个指腹，从脸颊处向下拉伸（最好使用粉扑）。

第三步：扩展到额头中央，再向两边拉伸，随后轻轻拍打直至完全吸收。

第四步：指腹逐渐滑向眼睛周围和鼻翼位置，一边轻轻拍打，一边向四周均匀涂抹。

第五步：最后落指于下巴处，轻轻拍打并均匀涂抹。

② 防晒霜

a.防晒霜的作用　防晒，保护皮肤不受紫外线的伤害。

b.防晒霜的使用方法　步骤如下。

第一步：光线弱、暴晒时间短的时候，清洁皮肤后，使用化妆水，如果是干性皮肤，适当抹一点润肤液，然后擦倍数较小的防晒霜。

第二步：光线强、暴晒时间长的时候，除了以上几个步骤外，还要擦SPF（防晒系数，Sun Protection Factor）15以上的防晒霜，每两个小时补擦防晒两用粉饼。

第三步：涂防晒霜时，千万不要忽略了脖子、下巴、耳朵等部位，小心造成肤色不均。

第四步：如汗水冲掉了防晒品，应每隔几个小时再涂一遍。

第五步：即使做好了防晒措施，但如果阳光很强烈，夜里最好还要使用晒后护理品。

c.防晒霜、隔离霜和粉底液的区别　防晒霜只有防晒功能，而隔离霜除了具有防晒功能，还添加了抗氧化成分、美白成分或维生素成分。相比一般的防晒霜，隔离霜成分更精纯，更容易吸收，而且可以防止脏空气以及紫外线对皮肤的侵害。

单纯就防晒功效而言，隔离霜与防晒霜区别较小，只不过防晒霜通常都是透明的，而防晒隔离霜会增加一些调整肤色的功能。

而粉底液的作用就是提亮肤色，它的遮盖能力要比隔离霜好，因此一般质地也会比隔离霜厚重一些，但没有隔离妆容和粉尘污染的作用。使用了隔离霜可以不用粉底液直接上妆，而使用粉底液的话就最好先涂抹上一层隔离霜。

 延伸阅读

好皮肤化出好妆容

皮肤是妆容的基础，要想使得妆面容光焕发、清新靓丽，光靠外部的修饰是远远不够的，俗话说"好铁炼好钢"，可见好皮肤才能化出好妆容。而对于皮肤来讲，最重要的就是要保湿，想办法锁住皮肤中的水分不会流失，或者及时补充水分，以达到滋养和保护皮肤的作用，有效延缓皮肤的衰老。

在这里介绍一些深层次保湿的秘诀,供大家参考使用。

第一,冷开水比热开水有更好的补水效果,每天多喝些,能帮助容易代谢的水分一直维持在最佳水平。

第二,在泡澡或淋浴前喝杯冷开水,防止热量快速蒸发掉皮下的水分。

第三,护肤品里含有维生素成分,保湿效果会更明显。维生素A、维生素B_1、维生素B_2、维生素B_6、维生素C、维生素E、维生素F及维生素H都不错。

第四,夜晚是皮肤渗透力加强的时间,睡足睡好,起床后皮肤就变得水灵灵。

第五,水果可补水和维生素,为皮肤深层保湿,当然不能省略。但吃糖分高的水果会消耗水分,柑橘、草莓、葡萄等不那么甜的水果不妨多吃点。

第六,超过12点睡觉,皮肤的水分会被倒抽出去,所以,总是熬夜的人皮肤大多有松弛缺水的问题。

第七,偶尔喝一小杯红酒,血液循环加快,皮肤对保湿品的吸收力能明显增加。

第八,每1小时离开电脑5分钟,让皮肤休息一会儿。

第九,每周2~3次,用保湿品来保湿干燥的肌肤,尤其是秋冬天,补水面膜是必不可少的。

第十,应逐步增加用保湿精华素、芳香精油、抗皱霜来进补。

第十一,每月到美容院做至少1次深层保湿护理,虽然贵一点,却能最快改善皮肤特干状况。

第十二,因为年轻而疏于保养,致使缺水早老的状况频频发生。其实人从婴儿期开始用baby油,一生都离不开保养品的呵护,接触成人保养品的年龄应该从18岁开始。

第二阶段:基底化妆。粉底 ⟶ 遮瑕 ⟶ 高光 ⟶ 暗影 ⟶ 散粉 ⟶ 修容。

(1)粉底产品

① 霜状粉底(粉底霜)

a.霜状粉底作用　乳霜状粉底一般都具有修饰作用。特有的滋润成分很适合干性皮肤,更能掩饰细小的干纹和斑点,在脸上形成保护性薄膜。但长时间使用极容易阻塞毛孔,影响皮肤呼吸顺畅。比较适用于中性、干性、特干性皮肤。另外为了避免涂抹厚重,可用手指代替海绵扑,将粉底轻薄地涂抹于面部。

b.使用方法　以粉底刷蘸取适量。从两颊开始,由内向外,轻轻推展;在额头处由内向外,帮助舒展抬头纹;在眼窝、鼻唇沟处轻轻点按(同样可以使用打底海绵用点压式的方法均匀覆盖于面部)。

c.注意事项　粉底霜的颜色在选用的时候都不能脱离使用者本身肤色,试用最好是在面部皮肤上,而非手肘上。柔白色适合皮肤底质相对白皙或者想要最求白皙的妆效。浅肤色适合普通偏黄的肌肤。自然色适合于肌肤颜色较深、麦色肌肤的人群。

图3-10所示为常见的粉底霜。

② 液体粉底(粉底液)

a.液体粉底作用　粉底液是液体的粉底,粉底液

图3-10　常见的粉底霜

合适用于中性及混合性,油性皮肤。与粉底霜的保湿效果相比,粉底液的控油效果要相对好一些。液体粉底由于水分含量较多,具有透明自然的效果。如果添加了植物保湿成分或维生素,还具有很好的滋润效果。另外粉底液能自然地与肤色融合,使肌肤看起来细腻、清爽,不着痕迹,但是单独使用容易脱妆,对瑕疵的遮盖效果不够好。

b.适合肤质　适应于油性、中性、干性的皮肤。油性皮肤要选择水质的粉底,中性皮肤则宜选择轻柔的粉底,干性皮肤可以选用有滋润作用的粉底。

c.使用要诀　使用时可以局部配合固体粉底使用,使妆容更完美持久。

使用方法如下。

第一步:用指腹蘸取适量粉底液,分别在额头、鼻尖和两颊等五处涂抹。

第二步:用打底海绵将粉底液在面部涂抹均匀。

图3-11　粉底液的涂抹方法

第三步:鼻翼两侧按压上妆,T区(额头→鼻梁→下巴)由上往下上妆。

第四步:底妆效果应是清透、自然、无瑕。

图3-11所示为粉底液的涂抹方法。

③ 固体粉底(粉底膏)

a.固体粉底作用　优质的固体粉底遮盖效果好且质地细腻,保湿、清爽,颜色均匀,在美化毛孔的同时方便随时使用,且适合各种肤质。其缺点是肤质粗糙者涂上去后会粘连角质层。

b.使用要诀　使用时,最好配合潮湿海绵在面部普遍涂抹。然后用海绵轻按,注意要涂抹均匀。膏状的料体比较厚重,不像粉底液一样容易涂抹,为避免出现卡粉,请先湿润海绵后挤干,再取适量的膏体在脸上涂抹均匀。

图3-12所示为粉底膏。

c.粉底液与粉底霜的区别　液状粉底多为夏季设计使用,较为清爽,也适合干性肤质;有的产品会添加吸附油脂的成分,平衡肌肤出油状况,可以维持较长妆效;乳状、霜状较适合冬季使用,或是干性肤质。

图3-12　粉底膏

清爽度:液状>霜状>膏状。

遮瑕度:液状<霜状<膏状。

保湿度:要看各产品的成分和当下季节。

如果觉得很干,那么这样的粉底就不适合在冬季使用,否则会令眼周长出细纹。

(2)遮瑕产品

① 遮瑕膏　遮瑕膏可视作为粉底的一种。不同之处在于遮瑕膏比普通粉底具有更佳的遮盖力,且更贴合肌肤,持久不易脱妆。遮瑕膏的种类通常有三种:液状、膏状和条状。液状和条状的遮瑕膏遮盖效果较佳,但是上妆技术必须熟练;膏状遮瑕膏的遮盖能力一般,但是因为质地清爽,反而容易创造出自然的妆容。可以根据自己的需要,选择大面积使用或用于局部遮瑕。

② 遮瑕笔　是一种用来遮盖脸部瑕疵的一种美容工具,完美妆容的最后一步就是用它遮盖脸上的痘痕,轻微的痣等,使脸部看上去完美无瑕。

使用方法如下。

第一步：选择与肤色相近或稍亮一些颜色的遮瑕笔。

第二步：可用遮瑕笔直接点于皮肤上，也可用小刷子、或无名指取出点于皮肤上。

第三步：然后用无名指把遮瑕膏轻轻晕开，尽量把它的边缘与周围皮肤的连接处涂匀。

遮瑕膏与遮瑕笔的区别：用遮瑕膏只是遮盖（说具体点也不是遮盖而是淡化）；遮瑕笔是针对小面积的瑕疵，例如，小痘痘；遮瑕膏则是需要大面积遮盖的时候用的，因为遮瑕膏的遮盖力强而且保湿，遮瑕笔就很难达到这个效果，但是遮瑕笔可以让遮瑕效果更精细。

（3）高光产品　高光产品的作用是局部提亮，它和阴影粉配合使用，可以修饰脸型，让脸显得立体。一般分为粉质高光，高光液，高光粉膏。

若是高光液和高光粉膏则是在粉底、遮瑕之后，定妆之前使用，若是粉质高光则是在定妆之后可以使用。

① 光提亮液　可用在颧骨，太阳穴，额头、眉骨、鼻梁和下巴上来增加面部立体感。如果面部偏圆，脸颊上的高光则打紫色部分，如果面部偏长，脸颊上的高光则打蓝色部分。若不涂抹眼影则可不打眉下的高光。

② 高光粉膏　粉底和高光功能上有很大区别。粉底只均匀肤色，而高光是提亮肤色的，同时提升脸部立体感，会让肌肤看起来提升紧致了许多，而单靠粉底就很难达到这样的效果。

使用方法如下。

第一步：在使用过粉底液、粉底霜或者粉底膏之后，用高光刷平刷于T区（额头 —→ 鼻梁 —→ 下巴），达到美化额头、凸显鼻梁、尖翘下巴缔造立体轮廓线条的目的，图3-13所示为高光区。

图3-13　高光区

第二步：用高光刷有内而外，由上往下刷于眼下三角区位置（眼头 —→ 眼尾 —→ 鼻翼间的三角位置），令肌肤白皙头嫩，富有光泽。

第三步：用微湿的打底海绵，用轻拍方式将膏体拍均匀，并与粉底的界限过渡自然，之后再使用暗影或者定妆产品。

（4）暗影产品（塑颜阴影修容饼）　如图3-14所示为深色粉底膏（暗影膏）。

使用方法：使用修容刷蘸取适量产品，修饰外轮廓，注意色彩边缘柔和过渡，修容粉膏在粉底前后使用均可。

图3-15所示为暗影区。

图3-14　深色粉底膏（暗影膏）

图3-15　暗影区

（5）定妆产品——散粉　又叫蜜粉或定妆粉。可以有效地吸取面部多余的油脂，保持妆容。

散粉有很多种。象牙白的散粉是最常见的，也是使用度最广的，适合皮肤颜色中等的女性；绿色的散粉主要适于脸部较红或者较黑的女性，绿色能有效地遮盖红血丝，使人看起来更加精致；紫色的散粉主要是脸色发黄、暗沉的女性应该选择的，因为紫色可以去黄气，让整个人精神起来；蓝色的散粉是脸上雀斑比较多的女性应该选择的，因为蓝色可以使脸部更加立体，转移人们对雀斑的关注。

珠光散粉主要是提亮的效果。比较适用于脸部无瑕的人，即使脸上有点瑕疵也一定要用遮瑕膏遮住，否则会使瑕疵更加突出。而且油性肤质的人一定不要用。

熟练掌握化妆技巧的女性可以选择透明色的散粉，透明色的散粉适用于任何妆面，可以起到使妆面持久的作用。

散粉的使用方法如下。

第一步：打开盒盖，将粉扑取出，撕开粉扑下面的胶贴。图3-16所示为散粉。

第二步：粉扑放回原位后，中指、太阳指插入粉扑套内，拇指捏住散粉盒底，将散粉倒扣在手掌上。

第三步：用另一只手在散粉盒上敲打两下（注意插入粉扑套中的手指不要用力捏）。

图3-16　散粉

第四步：将散粉重新翻过来，取出粉扑；将附着在粉扑上的散粉均匀地搓揉开依次涂抹。

第五步：底妆的顺序为眼睑、额头、鼻翼、腮部、下颚（注意眼角及鼻翼部位的定妆）。

注意事项：第一，上散粉不要太着急，一定要让粉底停留了几分钟，比较固定了才应该上散粉，否则散粉将起不到应有的效果。第二，散粉一定要轻薄，很多使用者希望获得水蜜桃般的粉嫩效果，底妆轻薄均匀，才能像水蜜桃一般可爱。第三，散粉并不是指涂在脸部的，眼睛的周围也要涂抹一层散粉，可以防止眼影粉的掉落，颈部、耳后等部位也要涂抹散粉，可以保持肤色的协调。第四，脸部皱纹较多的女性散粉不要使用太多，因为散粉可能会沉淀，使皱纹更加凸显。第五，最好的散粉工具是粉扑不是刷子，把粉扑轻轻地按在脸上，然后左右滚动，重复这个动作，可以让粉保持时间比较长。第六，散粉可以用在粉底液之后，也可以用在画好眉毛、涂了眼影和唇膏之后，推荐油性肤质的女性用两次，这样可以更加有效地防止脸部产生油腻的感觉。

第三阶段：专业化妆。眼部 —→ 眉毛 —→ 唇 —→ 腮。

（1）眼部产品

① 眼影

a.膏状眼影　膏妆眼影在近几年比较流行，能达到透明油亮感、自然的妆感，方便携带，易涂抹。但缺点是易脱妆，适合中至干性皮肤。使用膏状眼影时一定要以少量为主，千万不要涂抹过量，过量的话眼影膏会堆积在双眼皮皱褶处。如果大量使用在眼部干纹多的地方，短时间内眼部的纹路会变得非常明显。

b.粉状眼影　粉状眼影在化妆品市场上比较普遍，能使妆容持久，易着色，比较干，适合中至油性皮肤。亚光质地适合自然妆容。细腻珠光质地适合于任何肌肤，质感柔滑易涂抹，细微的珠光使眼部看起来更亮丽。

图3-17所示为眼影。

图3-17　眼影

注意事项：

第一，色系搭配。运用深浅对比的搭配色系，可增添眼部的三维效果。一般眼影的搭配要选择明亮，可以互相搭配的色彩，这样能使眼部闪闪动人。

图3-18　眼影的画法

第二，浅色打底。选择可以与肤色融合的浅色系眼影，在眼褶皱处上色，并由眼皮的中间向眼尾、再由眼窝的方向刷向眼尾刷过，来回刷匀，若涂抹太厚重，可以手指轻轻推散，这样会比较自然。

第三，深色画法。颜色比较深的眼影是整个眼妆的重点部分，将可以与浅色系作搭配的深色眼影先于手背上稍微擦过，让上妆更加均匀，然后将其涂抹于眼尾处，并由外眼角向眼窝呈放射状均匀晕染，切勿显露出深浅两色的明显界线，就可让眼睛呈现深邃感。

图3-18所示为眼影的画法。

② 眼线

a.眼线笔　眼线笔是最传统的画眼线的工具，颜色选择比较全面并且上色较容易。此外，由于它的硬质笔心，所以操作起来比较容易，特别适合初学者使用。

缺点是画的时候线条粗细不易掌握，所以有时候看起来没那么自然，并且容易晕妆以及脱妆，一不小心就会出现熊猫眼。

b.眼线液　有质感，线条感相当明确，妆容持久，不易晕妆。

缺点是由于眼线液是液体的缘故，使用起来难度较高，需要经常练习。

c.眼线膏　颜色鲜明，线条粗细比较好掌握，配合眼线刷使用容易上手。持久性强，不容易花妆。

缺点是质地比较浓稠，容易凝固起块。

d.眼线粉　眼影眼线两用。颜色选择较多，使用方法简单。

缺点是附着度不够，质感不强，容易晕染或花妆，不建议内双的眼睛使用。

眼线的分类和画法介绍如下。

对于不同的眼型，所画的眼线也会有所不同，根据眼部的线条，可适当调整眼线粗细，来迎合眼型。

a.自然内眼线　自然内眼线画法：首先要将睫毛缝里填满，这种眼线只会增加眼部的神采，但没有增大眼部的效果，看起来比较单一，像是没有化妆一样。在填充睫毛缝隙的时候，只需要画到眼尾即可，不需要特意拉长。图3-19所示为内眼线的画法。

b.自然圆眼效果眼线　这款眼线比较自然，妆容较淡，但能使得双眼放大。用眼线笔在眼球的上方加粗，眼头和眼尾要细一些，目的是让眼睛显的圆润；下眼线也采取相同的手法，中间略粗，两边自然过渡。图3-20所示为圆眼眼线的画法。

c.长眼眼妆效果　这款眼妆可将眼部拉长，适合圆眼和双眼间距较近的眼型。从眼头开始画眼线，画到眼尾时水平拉长，眼线粗细适中；下眼尾的位置加重眼线，然后向前自然过渡，不需要晕染整个下眼线，色泽慢慢减淡。图3-21所示为长眼眼线的画法。

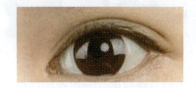  

图3-19　内眼线的画法　　　图3-20　圆眼眼线的画法　　　图3-21　长眼眼线的画法

d.下垂眼眼妆　沿着睫毛根部画出一条上眼线，不需要太细，然后配合假睫毛，将外眼角下眼线往下画，打造出无辜的效果。上眼线的外角要平着画出去，眼线的外眼角空出一点位置，画出1/3即可。图3-22所示为下垂眼眼线的画法。

e.上扬眼线　是近两年来比较流行的眼线画法。眼线一定要紧挨着睫毛根部画，并且把睫毛缝隙全部填满。由于在眼尾略微上扬的眼线，因此可以打造出较为妩媚的感觉，但在上扬时要注意眼线是逐渐变细变消失的过程。图3-23所示为上扬眼线的画法。

f.全包式眼线　全包式眼线比较适合两眼间距较大的眼型。在眼头的位置要将眼线勾出来，外眼线自然画好即可，在下眼尾的眼线，也是从后向前变细的过程，从外眼线变为内眼线的过程。图3-24所示为全包式眼线的画法。

图3-22　下垂眼眼线的画法　　图3-23　上扬眼线的画法　　图3-24　全包式眼线的画法

③睫毛膏

a.睫毛膏作用　涂抹睫毛膏的目的在于使睫毛浓密，纤长，卷翘以及加深睫毛的颜色。睫毛膏的质地可分为霜状、液状与膏状。图3-25所示为常见的睫毛膏。

b.睫毛膏的使用方法

第一步：睫毛膏的主要成分是油，和皮肤的油分接触时，会产生脱落的现象。因此在画基础妆的时候，仔细在眼睛下面擦好粉，最大限度保持干的状态。

图3-25　常见的睫毛膏

第二步：在涂睫毛膏之前，用睫毛夹轻轻夹住睫毛。

视线向下后,对齐睫毛线和睫毛夹的线,分三个阶段,睫毛根部位和睫毛中间部位,最后把睫毛尾部向上翘起,就完成了翘长的睫毛。

第三步:涂上睫毛膏。涂睫毛膏的时候,如果把睫毛膏分为上下部分来涂,会有双重效果,持续性强,先把上睫毛从根部顺着下方向向下涂,开始就用很多量的话,容易成块,因此少量地从上到下涂2次。

第四步:涂下面睫毛膏。涂完上睫毛,下睫毛也细心涂抹。下睫毛根部开始向上涂,这时不要像涂上睫毛一样刷上去。

第五步:睫毛前部分。睫毛由于形成曲线,因此中间部分很好涂,但是睫毛的前部分和尾部分需要细心地再次涂抹。前面部分的睫毛容易结块,因此用留在睫毛刷上的睫毛液来涂。直立睫毛刷,把睫毛前面部分向上涂抹,睫毛尾部也用同样的方法。

图3-26所示为睫毛膏的使用。

c.睫毛膏使用注意事项　没有开封的睫毛膏的保质期通常是3年,一旦使用过,睫毛膏的寿命就只有6个月,一旦过了6个月就要丢弃,否则睫毛膏内因长期接触空气带来的大量细菌会侵害眼睛导致眼部疾病。

睫毛膏干了以后,可以往里面加入少量的一些甘油、柔肤水或乳液。冬天的低温导致的液体凝结,这时只要将睫毛膏盖好放到温热的水中浸泡10分钟左右,就可以像新的一样使用了。

(2)眉妆产品

① 眉笔

a.眉笔作用　眉笔有两种形式,一种是铅笔式的,另一种是推管式的,使用时将笔芯推出来画眉。图3-27所示为眉毛的描画。

图3-26　睫毛膏的使用　　　　　图3-27　眉毛的描画

眉笔的优点是方便快捷,适宜于勾勒眉形、描画短羽状眉毛、勾勒眉尾。缺点是描画的线条比较生硬,不能调和色彩,因为含有蜡,在温热和潮湿的环境下,相对容易脱妆。

b.眉笔的使用方法

第一步:确定眉峰位置。首先要找出眉峰的大概位置,然后用眉笔轻轻画出"へ"字形。

第二步:描画外侧线。用眉笔从内到外,一点一点地轻轻移动,沿着眉峰到眉尾方向描画外侧线。

第三步:描画中间线。从距离眉头1厘米处开始,将眉线连接起来,描画好中间线,整理成眉形。

第四步:涂抹眉头。顺着朝向鼻梁的方向描画眉头,颜色要轻薄。眉头颜色浓重的人可以不描。

第五步：刷眉。从眉头、眉峰到眉尾的方向，用眉刷轻刷眉线。注意不要用力过大。

第六步：匀色。轻轻用力，用眉刷的前端部分，把整体眉色调匀。注意不要把着色弄掉。

图3-28所示为流畅的眉型。

② 眉粉

图3-29所示为双色眉粉。

图3-28　流畅的眉型　　　　图3-29　双色眉粉

用眉粉刷蘸点眉粉均匀的涂在眉毛上，由眉毛头向眉尾方向涂，用力要均匀，使用眉粉画眉比用眉笔画的要自然些。

具体使用方法介绍如下。

第一步：根据眉色选择深或浅色的眉粉备用。

第二步：用眉刷垂直蘸取深色眉粉描化眉毛底线（眉中腰 → 眉尾）。

第三步：蘸取浅色眉粉顺着眉毛的生长方向填满眉毛的空缺。

第四步：最后用刷子轻轻刷过眉毛部分，使眉毛呈现更自然效果。

图3-30所示为眉粉的使用方法。

图3-30　眉粉的使用方法

③ 染眉膏

a.使用方法

第一步，选眉刷。眉毛较长的人，建议选择比较大的梳子形刷头为宜；眉毛比较短的人，则可选择头比较小的螺旋刷比较合适。

第二步，刷眉。先从眉毛的根部，逆着眉毛的生长方向用眉刷轻轻地刷几遍，让眉毛都翘起来后，再顺着眉毛的方向刷。注意刷的方向要一致，不然眉毛会刷乱了。

第三步，染眉。给眉毛均匀地染上眉膏，染好后还要用眉刷轻轻地刷匀。染眉的原则是要让整个眉毛看上去自然、有活力，所以在这里提醒大家：眉毛短的人不要上得太多，长眉毛的人可以适量多上些。

b.注意事项 第一,选择一款与自己的发色相近或相似的染眉膏;第二,染眉时最好一次性染到位,否则就会影响染眉的效果;第三,染眉时注意不要将染眉膏弄到身上或衣服上。

(3)唇部产品

① 口红

a.口红形状 口红的形式有棒状、铅笔状和软膏状等。铅笔状口红主要作为描画嘴唇轮廓线用。图3-31所示为口红的使用,图3-32所示为口红的使用效果。

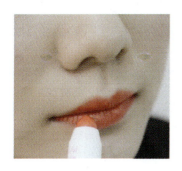

图3-31 口红的使用

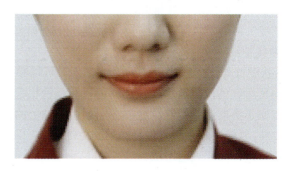

图3-32 口红的使用效果

b.口红的使用方法 方法一,直接将口红涂抹于唇部,涂抹均匀即可;方法二,使用唇笔,蘸取适量唇膏,均匀刷于双唇之上,可与其他唇部彩妆配合使用。

② 唇彩 唇彩呈黏稠液体或薄体膏状,看起来滋润轻薄、晶莹剔透,使用后双唇湿润感、立体感较强,有突出的效果,但也较易脱妆。

a.单独使用 单独使用唇彩而不用唇膏能方便、快捷,用后可令唇部立刻新鲜,活力十足。

图3-33所示为涂抹唇彩。

b.混合使用 先涂唇膏后涂唇彩,要求唇膏与唇彩同色,这样才能覆盖住唇膏。使用后会令唇部更加地丰润、饱满。

c.搭配使用 先用唇膏打底,再用唇彩点涂于唇部的中央。唇彩和唇膏不一定要求同色系,这样看起来立体感效果更好,灵俏有动感。

③ 唇线笔 唇线是唇妆中不可忽视的重点。通过唇线笔的修饰,可以很好地改善嘴唇的厚薄缺陷,使得唇型更加地标准,有魅力。

a.使用方法

ⅰ.内线法 在唇的稍内侧用唇线笔画上轮廓线。适合于大而厚的嘴唇。

ⅱ.外线法 在唇的稍外侧画上轮廓线。适合薄而小的嘴唇。

ⅲ.原线法 按照唇型描画轮廓线(也可应不同场合下的妆容需要,画出1/2、1/3、2/3唇线)。原线法适合大小适中的嘴唇。

b.注意事项 第一,选用唇线笔时,可以先在手背上试一下,检查是否流畅;第二,选择贴近嘴唇颜色的唇线笔,而不是选择与口红颜色相近的唇线笔;第三,在使用唇线笔时,可以在画出唇线后,用唇线笔将整个嘴唇都轻轻地涂上一层唇线色,以防止在唇彩、口红掉色后,嘴唇与唇线色不一致。

图3-33 涂抹唇彩

（4）腮红产品

① 膏状腮红

a.膏状腮红作用　一般称膏状的腮红为腮红膏，腮红用来增加面部红润度，提升面部气色，并且深色和浅色的腮红膏也能起到修容的作用。有些腮红膏也能做唇膏来使用。

b.使用方法

第一步：在散粉之前，用手指蘸取腮红膏，在颧骨的最高位置。

第二步：以画圈的方式推开。

第三步：再用无名指在腮红的边缘做点拍动作，让腮红与肌肤更加服帖，更加自然。

② 粉状腮红

a.粉状腮红作用　选择合适的腮红颜色，可以参考整个妆面的色调来决定。如果眼影和唇膏选用了粉红色，腮红也最好是同色系的。粉状腮红带来细腻的肌肤质感和真实的红润效果。用大刷子蘸取适量腮红，轻按在面颊正面偏上的位置。随后由前向后涂刷，用刷毛的侧面接触皮肤，"轻"和"顺势"是成功的关键。

图3-34所示为腮红的用法。

图3-34　腮红的用法

b.注意事项　第一，用手指指腹以画圆圈的方式将腮红膏均匀地往外推抹开来，直至色彩渐渐消失为止。第二，蘸少许腮红后，先将腮红刷上的粉轻轻在面纸上抖动几下，再刷上脸颊，这个动作可避免一开始下笔太重，破坏脸庞的妆容。如果觉得腮红不够明显，再重复上一个动作。第三，为了让妆容有更健康的效果，可以用粉色腮红在下巴、额头的地方作提亮，这样会有运动后健康肤色的效果。第四，若腮红涂得太重，可以用蜜粉刷蘸些蜜粉或用粉扑按压最浓的地方，再慢慢晕开。第五，画好腮红的必备品是一支腮红刷，有斜角的腮红刷，适合营造颊部有立体感的线条，最大的腮红刷（即蜜粉刷），可以轻松画出大片渲染的腮红，效果很自然，毛尖略呈椭圆形的腮红刷，适用于所有腮红，尤其适合拿来画圆。

c.各种脸型的腮红位置及画法

ⅰ.标准脸型　在笑肌位置用刷子由外往内以打圆方式刷上腮红。

ⅱ.长脸型　由鬓角、颧骨往鼻头方向直刷。

ⅲ.圆脸型　由上往下尽量刷长，弧度加大，以达到拉长脸型的效果。

ⅳ.方脸型　由鬓角往颧骨上刷至脸颊中间部位。

ⅴ.正三角脸型　从软突出的部位往鼻翼斜刷。

ⅵ.菱形脸型　从耳际稍上处往颧骨方向斜刷，颜色不宜太红太深。

图3-35所示为完整的妆容效果。

4.化妆辅助工具

（1）套刷　专业化妆刷的刷毛一般分为动物毛与合成毛两种。天然动物毛刷能使色彩均匀服帖，且不刺激

图3-35　完整的妆容效果

肌肤。而貂毛是刷毛中的极品，质地柔软适中。山羊毛是最普遍的动物毛材质，质地柔软耐用。小马毛的质地比普通马毛更柔软有弹性。人造毛人造纤维比动物毛硬，适合质地厚实的膏状彩妆。尼龙质地最硬，多用作睫毛刷、眉刷。图3-36所示为套刷。

（2）修眉刀　修眉刀除了一般的刀片之外，还有专用的矩形修眉刀和电动的修眉刀。作用都是将多余的眉毛去除，修整出完美的眉形。图3-37所示为修眉刀。

（3）医用剪刀　用来修剪假睫毛和美目贴。剪刀要求尖端有弧度。大小可根据不同的需要选择使用。图3-38所示为修眉剪刀。

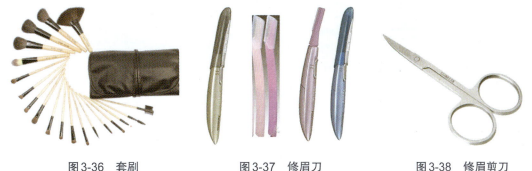

图3-36　套刷　　　　　图3-37　修眉刀　　　　　图3-38　修眉剪刀

（4）假睫毛　假睫毛根据需要的长度和密度。一般多是棉线的，贴合度好，不容易脱落，且经济实惠，适合普通日妆。

（5）睫毛夹　卷翘的睫毛令眼睛看起来明亮有神，但不是每个人的眉毛都天生卷翘，睫毛夹就是弥补这个小缺憾的最好工具。常见的睫毛夹分为铁制睫毛夹、塑料睫毛夹、电烫睫毛夹、局部用睫毛夹等。

（6）打底海绵　打底海绵可以用来推匀霜状和液体粉底，质地好的海绵延展性好，可以让粉底和肌肤结合得更好。但要注意清洁和更换。

（7）粉扑　粉扑是定妆时扑散粉所用，表面要"毛茸茸"的，一般是棉质的较好。刚买回来的粉扑需要在使用之前洗涤一下，让皮肤有轻柔舒适的感觉。

（8）化妆包与化妆箱　化妆包就是装载化妆品的包，如果需要可以配备专业化妆箱。

（9）棉签、面巾纸　棉签和面巾纸是很好的妆容补救工具。

（10）医用胶带　又称双眼皮胶带，用剪刀修剪出需要的双眼皮贴的形状，适合于任何眼型。

二、客舱乘务职业妆容的设计特点

1.客舱乘务职业妆容的设计原则

客舱乘务职业妆容是展现客舱乘务人员良好职业形象的方式之一。客舱乘务职业妆容一般应遵守大方、优雅、简约为主的妆容原则，以给人庄重、亲和及干练的感觉较为适宜，从而体现出航空服务人员良好的职业素质及服务态度。客舱乘务职业妆容亦属于职业妆其中的一种。图3-39所示为客舱乘务职业妆容。

图3-39　客舱乘务职业妆容

2.客舱乘务职业妆容的各步骤要领

（1）滋养护肤　上妆之前要彻底地清洁皮肤，使用化妆水和乳液进行基础护肤。需要注意的是，客舱环境比较干燥，要注意皮肤的保湿，更要加强对皮肤保湿面膜的使用频率。如需要的话，可以在上妆前一天晚上使用较为滋养的面膜。

图3-40所示为妆前护肤；图3-41所示为妆前护肤产品。

（2）修整眉毛　在修眉前，可以先用眉笔轻轻画出适合自己的眉形轮廓，用电动修眉刀将轮廓线之外的眉毛逆着眉毛的生长方向轻轻剔除。用眉梳按照眉毛的生长方向梳理眉毛，把眉腰及眉尾部过长的眉毛进行修剪。修整完，用眉刷轻刷双眉，使眉毛保持自然对称。图3-42所示为修眉。

图3-40　妆前护肤　　　　图3-41　妆前护肤产品　　　　图3-42　修眉

（3）修饰隔离　客舱环境相对干燥，紫外线强烈，防晒和隔离是不可缺少的。先在手背上挤出适量的隔离霜，用指腹蘸取适量点于额头、鼻子、脸颊和下巴上，然后均匀地推开至全脸，帮助修饰肤色。

（4）底妆保湿　由于客舱的特殊环境，底妆就需要选择有保湿效果的粉底，妆容维持久的产品，如保湿度较强的粉底液，或者是粉底霜都是比较好的选择。用接近于面部整体肤色的粉底液或者粉底霜，用粉扑或粉底刷均匀涂抹。使粉底液上妆之后与肤色接近，质地柔和。

（5）使用散粉　散粉可以增加粉底的附着力使妆容持久，它还可以改善油性皮肤的化妆效果。在客舱乘务职业妆容中，选择粉质细腻，透明无反光型的定妆粉（散粉）比较实用。方法是用散粉刷蘸取散粉轻轻的刷在脸上，或用粉扑蘸取散粉，把粉扑对折轻柔一下，将散粉均匀地按压在皮肤表面。

图3-43所示为用粉扑按压散粉；图3-44所示为散粉。

图3-43　用粉扑按压散粉

图3-44　散粉

（6）眼妆化法　首先是眼影的描画，一般客舱乘务职业妆的眼影都是不含珠光和反光的眼影，给旅客更加干练、专业的感觉。颜色的选择应于制服颜色相搭配，红色制服，眼影选择偏粉红的颜色；蓝色或者黑色制服，可以选择偏蓝色的眼影或者百搭的棕色眼影。同样用浅色眼影打底，用眼影刷蘸取适量的浅色眼影粉，均匀地涂抹在眼窝的位置，薄薄一层即可。之后用小号眼影刷蘸取深色眼影粉，均匀地涂抹于比双眼皮褶皱处略宽的位置。再用上一步所使用的大号眼影刷将两个颜色眼影连接之处进行过渡。下眼影，分别用两只刷子上的余粉由外眼角向内眼角过渡，深色仅涂抹外1/3处即可。

注意：眼影的使用颜色由于各航空公司要求不一致，故以各航空公司要求为标准。

图3-45所示为眼影效果图。

（7）眼线化法　使用眼线笔或眼线液勾画眼线。沿着睫毛的根部，画出细细的线条，重点是把睫毛间的空隙填满。眼尾部分也不需要特别拉长，画到眼角位置就可以了，这样子才能显得更加自然。客舱乘务职业妆容要求有自然、干练的妆感，那么眼线液和眼线笔的颜色只能用黑色和深棕色，另外眼尾只能平托至外眼角，不能采用比较时尚的上挑或者下挂眼线。而下眼线的描画会让人有浓妆艳抹的感觉，在客舱乘务职业妆当中要尽量避免。

图3-46所示为画眼线。

图3-45　眼影效果

图3-46　画眼线

（8）刷睫毛　客舱乘务职业妆容中的睫毛膏颜色应选择黑色或者深棕色，使用后比较自然。先用睫毛夹按照上一节睫毛夹的使用方法将睫毛夹翘，并根据自身睫毛特征选择纤长或者浓密睫毛膏。刷上睫毛时眼镜往下看，由睫毛根部往睫毛尖端刷。刷下睫毛是眼睛平视，将睫毛刷竖起，并与睫毛90度垂直，左右来回轻刷即可。如个别客舱乘务人员睫毛生长不够理想，可以选择粘贴假睫毛，但假睫毛的长度不可超过一厘米，型号为仿真，这种型号粘贴之后较为自然。

（9）描画眉毛　先用眉刷垂直蘸取深色眉粉描画眉毛底线（眉中腰 ⟶ 眉尾）再蘸取浅色眉粉顺着眉毛的生长方向填满眉毛的空缺。最后用刷子轻轻刷过眉毛部分，眉头、眉腰和眉尾之间的连线线条应柔和，避免出现叫强硬的线条感，应使眉毛呈现更自然效果。另外在客舱乘务职业妆容当中眉色应略浅于发色和睫毛色，若使用发红的棕色给人较严厉的感觉，要尽量避免。

图3-47所示为对称眉型。

（10）腮红使用　腮红应和整个妆容的感觉相协调，并且颜色上应该略浅于口红，使皮肤红润有光泽。方法是先用腮红刷蘸取橘色的腮红，在脸颊轻轻扫上一层，使皮肤红润有光泽。着色要轻，要与底妆逐渐融合。

（11）唇妆化法　先使用唇线笔勾勒出能够改善唇形的唇线，再用唇刷蘸取裸色或者粉色的唇膏涂抹于双唇。注意避免将唇膏涂抹与唇线之外。国内外航空公司对于口红的颜色规定不同，一般国内航空公司偏好为粉红或者粉橘两种颜色，具体颜色以各航空公司规定为准。

图3-48所示为唇妆的描画。

图3-49所示为客舱乘务职业妆常见口红颜色。

图3-47　对称眉型　　　图3-48　唇妆的描画　　　图3-49　客舱乘务职业妆常见口红颜色

完成以上步骤之后，客舱乘务职业妆容的完整面容就呈现出来了。

三、客舱乘务职业妆容的自然与协调

1.客舱乘务职业妆容自然协调的标准

（1）妆容自然　对于客舱乘务人员来说，妆容的清新自然最为重要。因为客舱乘务妆容属于职业妆容，要讲求略略大方而不是浓妆艳抹。无论是眼妆、唇妆或是腮红等，都要讲求恰到好处，适当地修饰美化，使面部整体效果饱满，温柔可爱，否则涂得太多，就会影响到乘客的心理判断，难以接受。

（2）妆感协调　注意以下三个方面。

首先，最好使用成系列、成套的化妆品，这样不仅气味一致，而且互融性较好，会使妆容看起来更协调。

其次，还要关注妆面各个部位的协调性，浓淡相宜，绝不可一个部位较浓，另一个部位又比较淡。这样看起来整体形象就比较协调，肯定会让乘客产生赏心悦目的好感。

再者，化妆要与自己的服饰相协调。妆面上的眼影、腮红、口红的颜色要和服装当中的颜色相互辉映，搭配成套，这样才能显得相得益彰、美丽大方。

（3）化妆要回避乘客　化妆和补妆都不能当着顾客的面进行。

有妆似无妆，这是航空乘务人员妆容修饰的最高境界。

2.客舱乘务职业妆容自然协调的方法

乘客对于国内客舱乘务人员的外在形象，如长相、气质的期望值相对较高。一般能够进入客舱乘务队伍中的女性通常相貌、气质都较为出色。如果五官当中某些部位与中国传统审美不够符合，再或者某个部位与面部或其他部位不够协调的话，完全可以通过化妆技巧来进行修正。

以下按照客舱乘务人员化妆的基本流程，介绍局部妆容的修正方法：粉底 ⟶ 眼影 ⟶ 眼线 ⟶ 眉毛 ⟶ 腮红 ⟶ 唇。

（1）粉底（对脸型的修饰）　通过粉底深浅颜色的过渡，创造出完美的面部轮廓，根据不同脸型，高光暗影的上色位置不同。

① 方形脸（国字形脸）修饰重点　用比肤色深一号的粉底，在额头两侧与下颚两侧打深。同时可配合步骤，腮红从笑肌往太阳穴斜打；眉毛建议圆形弧度的眉型，中和方形脸的角度。

② 圆形脸修饰重点　用比肤色深一号的粉底，从耳中到下颚部位打深，尤其脸颊两侧颜色要深一点。同时可配合步骤，腮红从笑肌往太阳穴斜打；眉毛须带有点棱角。

③ 菱形脸（申字形脸）修饰重点　用比肤色浅一号的粉底，把额头两侧与下颚两侧较窄的部位打亮。同时可配合步骤，腮红在笑肌处以画圈手法刷上；眉毛建议较短的自然眉型。

④ 倒三角形脸（甲字形脸）修饰重点　用比肤色深一号的粉底，将额头两侧较宽处打深；用比肤色浅一号的粉底，将较瘦削的下颚两侧打亮。同时可配合步骤，腮红在笑肌处往旁刷出扇形；眉毛建议较长的自然眉型。

⑤ 鹅蛋形或长形脸修饰重点　用比肤色深一号的粉底，在额头中央与下巴处打深。同时可配合步骤，腮红从笑肌往耳际横刷；眉毛以直线一字眉型为主，弧度不要太明显；可用珠光亮粉打亮T字部位，让五官更立体。

（2）眼影（对眼型的修饰）

① 凹陷眼的修饰　运用浅色珠光眼影涂在凹陷的眼皮部位。

② 肿眼泡的修饰　用提亮色眼影涂于外眼角和眉骨位置，运用冷色系涂于上眼睑浮肿处。

③ 长眼睛的修饰　在眼头部位涂上明色眼影，在眼皮中间运用深色的眼影，可以使眼睛显得圆，然后慢慢向眼尾处晕开。

④ 圆眼睛的修饰　运用眼影横向晕染法使眼睛拉长，在眼头和中间部位涂上明色眼影，而眼尾处运用深色的眼影可以是眼睛显的细长。

⑤ 垂眼的修饰　在眼头部位处运用浅色眼影，切记要画的轻盈，眼影上色面积不宜太大，随着接近眼尾处，眼影颜色可加深并且逐步上扬。而在下眼睑下垂用出提亮色眼影提亮。

⑥ 吊眼的修饰　加重内眼角上方的眼影颜色，然后逐渐过渡到眼尾处，眼尾处要用浅色的眼影。

⑦ 单眼皮修饰　在贴合眼线的基础上，用深色眼影加宽眼睑边缘的厚度，在内双皱褶内涂上深色的眼影。或者直接用双眼皮贴将单眼皮进行调整。

（3）眼线（对眼型的修饰）

① 单眼皮的女生　一般她们的眼睛都比较小，这时要掌握画眼线的秘诀，即是用粗眼线扩大眼型。记住两个关键点。

a.眼头一点，眼尾一点，一笔连接并加粗，眼尾小勾。

b.下眼线：中间一点，连接眼尾，自然过渡。

② 双眼皮的女生　虽然眼睛大，但却看起来无神，画眼线的秘诀是，自然而精致的眼线。记住两个关键点。

a.上眼皮：眼头一点，眼尾一点，一笔细细连接。

b.紧贴睫毛根部，来回描画，勾勒隐形眼线。

③ 内双眼的女生　眼睛显浮肿，画眼线容易看不见，画眼线的秘诀是，看得见双眼皮处细细描画。记住两个关键点。

a.上眼皮：眼头1/3处一点，眼尾一点，一笔细细连接至眼尾，在双眼皮处细细描画。

b.勾勒后停留几秒再睁眼。

④ 上扬眼的女生　双眸不够柔和，画眼线的秘诀是：拉低眼尾并强化下眼线后1/3处。记住两个关键点。

a.上眼皮：眼头一点，眼尾一点，一笔连接，眼尾向下，和眼头齐平。

b.下眼线：连接眼尾，向眼中间自然过渡。

⑤ 下垂眼的女生　眼睛显得无神，画眼线的秘诀是，上扬眼尾并加粗。记住两个关键点。

a.上眼线：眼头一点，眼尾一点，一笔接连，眼尾上扬并加粗。

b.下眼线：中间一点，连接眼尾，注意自然过渡。

⑥ 眼距近的女生　眼睛显得无神，画眼线的秘诀是，强调眼尾，向外拉伸。记住两个关键点。

a.上眼线：眼头1/3处一点，眼尾一点，一笔接连，眼尾向外拉伸。

b.下眼线：中间一点，连接眼尾，并加粗自然过渡。

⑦ 眼距远的女生　眼睛神采不够，缺乏个性，画眼线的秘诀是，强调内眼角，眼睛不要刻意拉长。记住两个关键点。

a.上眼线：内眼角一点，眼尾一点，由粗至细一笔连接，眼尾无需拉长。

b.下眼线：在内眼角描画大于号，自然过渡至下眼线。

⑧ 圆形眼的女生　眼白多而易显得眼睛无神，画眼线的秘诀是，由细而粗拉长眼尾。记住两个关键点。

a.上眼线：眼头一点，眼尾一点，由细至粗一笔连接。

b.下眼线：眼头一点，细细连接至眼尾。

（4）眉毛（对脸型的修饰）　眉毛是五官当中最容易改变型状的部位，高挑眉形给人严厉的感觉，客舱乘务职业妆应该给人平易近人的感觉。另外不同的脸型需要设计不同的眉形，才能让整个面部轮廓呈现出自然协调的美好效果。

① 圆脸型、方脸型　适合上扬眉，眉尾高于眉头，眉头、眉尾不在一条水平线上。

② 标准脸型（瓜子脸）　眉头内眼角垂直，眉头、眉尾在一条水平线上。

③ 甲字脸型　适合上扬一点的眉毛，眉峰在眉毛的2/3处以外一些。

④ 申字脸型　适合眉毛扁平，长细一些。

⑤ 由字脸型　适合柔和的眉毛，眉型尽量放平缓一些。

（5）腮红（对脸型的修饰）　甲字型脸的腮红用倒钩法从笑肌下方带到发际线处；短脸的腮红应该在笑肌的位置；长脸的腮红从笑肌横向平拉；圆脸的腮红可由太阳穴往笑肌下方斜刷。

（6）唇妆（对嘴型的修饰）　嘴唇的大小也可通过化妆进行有效地改善。如唇略厚，先拿粉底或修饰乳遮掉全部的唇部，再将唇线化在双唇的内轮廓上，之后在唇线内涂抹唇膏。若唇部略小，唇线可以化在唇的外轮廓上。

总之，通过修饰面部中局部的某些方法，来进一步地完善五官的协调统一性，使得航空职业的整体妆容显得十方地自然与完美。

任务三　妆容的护理

对于面部化妆而言，需要精心加细致，才能打造出一副高贵典雅的航空职业妆容，那么再好的妆容，不加以护理也难以保持持久的美观。

通过本任务的学习，掌握好妆容的保持、维护及清洁的具体方法，呵护好妆容、保护好皮肤。

一、妆容的保持

假如早起精心打造的妆容，乘客还没登机就已经晕妆，实在让人头痛。作为客舱乘务人员，应尽早掌握妆效持久的方法。主要有两种，一种是使用防脱妆产品，另一种是使用化妆技巧防止脱妆。

我们仍然以化妆步骤进行实用性的梳理：护肤 ⟶ 修眉 ⟶ 隔离 ⟶ 粉底 ⟶ 散粉 ⟶ 眼影 ⟶ 眼线 ⟶ 眉毛 ⟶ 腮红 ⟶ 唇。

（1）护肤　要想妆容持久，必须从护肤开始努力。彻底地清洁多余的油脂再使用保养产品是要点；隔离产品不能太滋润；T区和U区的肤质特征一般比较明显，T区更容易出油，U区则更干燥，需要做的就是将妆前乳也组合起来使用：在T区及上眼睑的部位涂抹控油型的清爽妆前乳，而在U区脸颊部位使用保湿型妆前乳，这样就能大大地提高底妆的持久度与服帖度。

（2）粉底　粉底液质地要轻盈，用海绵或者手轻轻地拍打在脸部，注意不能涂抹过重；

图3-50　粉底膏

图3-51　眼线膏

图3-52　眉睫修护定妆液

图3-53　颊彩霜

图3-54　润泽唇膏

绵块不仅能令粉底均匀轻薄地附着于肌肤上，更有助于遮盖显著的毛孔，令妆面轻透变得不易脱妆。不过涂抹时请用轻轻拍打覆盖的方式，避免大力擦拭，以免对肌肤造成过多的拉伸伤害。总之底妆的要点是，控制脸部的油分，才能保持持久性。

图3-50所示为粉底膏。

（3）散粉　很多人在使用过粉底液或者粉底霜之后，直接开始上妆，这样很快底妆就会脱妆。如使用散粉，可以使底妆持久，彩妆更容易上妆。散粉选择透明质地，弹掉多余的粉质后加力按压在脸上更减少脱妆风险。

不同的肤质对妆效的持久性也会有不同的影响，在确定了自己肤质类型后，还要根据自己的实际情况，采取不同的方法，有针对性地进行定妆。

① 油性肌肤在上妆前就使用控油型护肤品（如猪油膏）。

② 混合型肌肤在T字区局部使用控油型护肤品。

③ 干性肌肤最好先使用湿粉底，再上干粉定妆（保湿型粉底液或者粉底霜）。

④ 敏感性肌肤只使用脱敏型防水类膏霜，避免扑过多定妆粉。

⑤ 受损肌肤只使用脱敏型轻薄粉，避免使用厚重的膏霜刺激肌肤。

（4）眼影　上妆时眼影部位也要上粉底和散粉。眼影化完之后，再用无色透明散粉将眼影定妆。这样眼影不易落粉，眼影的颜色更好。

（5）眼线　眼线笔持久度不如眼线液，不过只要在用眼线笔后，在眼线上再盖一层眼影粉，就能运用这层眼影粉让眼线更持久。在上眼线之前，先在眼线部位涂抹散粉，就能得到持久效果。选择具有防水效果的眼线笔。使用防水眼线产品卸妆非常重要，必须使用专业的眼部卸妆液，否则对眼部肌肤的危害会非常大。

图3-51所示为眼线膏。

（6）睫毛　防水是对抗晕染的解决之道，然而卸妆不当既导致睫毛脱落也会让肌肤过敏。想要营造持久的睫毛，精准的涂抹方式是避免晕染的有效途径。先涂抹一层睫毛打底膏；再将睫毛慢慢夹出完美的弧度；最后将睫毛膏精细地涂抹到每根睫毛上，明晰的效果也会减少晕染。

图3-52所示为眉睫修护定妆液。

（7）眉毛　首先以眉笔定出眉型，之后用眉刷蘸取眉粉将眉毛描画自然，最后用眉刷蘸少许水或者啫喱，顺着眉毛的形状轻刷眉型，这样可以让眉粉持久不脱妆。

（8）腮红　根据肤质，因地制宜。颧骨较高且油性肌肤的人，一定要选择质地柔软、轻盈的粉质腮红，这样才能细致肤质；颧骨低、皮肤干的人可以选择质感清新薄透的膏状腮红，更容易推匀，维持清透的妆感。为了防止膏状腮红脱妆，可以在腮红外再薄薄打上一层同色系的粉质腮红，即可避免脱妆的尴尬。

图3-53所示为颊彩霜。

（9）唇想要持久唇部妆容，应完善唇部化妆技巧。开始化妆时涂抹一层护唇霜保持唇部的滋润；然后将遮瑕膏涂在唇部，维持唇妆的持久性；再用唇刷将唇膏均匀涂抹在嘴唇上，用一层薄纸巾吸去浮色，重复操作加强持久效果。

图3-54所示为润泽唇膏。

二、妆容的维护

妆容的美感，除了由上妆时的每一道精心描绘的细节累积而来，完妆之后的维持，也是极其重要的关键环节。虽然我们使用了防脱妆的化妆品和防脱妆的化妆技巧，但是当飞行任务较多时，难免在工作中会出现脱妆问题，常常看到许多客舱乘务人员花费时间完成了整个妆容，数小时后妆容完全走样，原本坚定而美丽的线条渐渐失去它的位置，亮眼的色彩也逐渐褪去，只剩下黏腻的遗痕。对于航空职业人员来讲，完美不该只是一个瞬间。而学会如何正确地补妆，也是大家都能拥有持久美丽容貌的要诀之一。

（1）以面巾纸包住海绵按压脸部出油处　市面上销售的整包吸油面纸固然方便，但是也容易把脸上的水分一并带走，使用面巾纸将海绵包住，可以比较符合脸部的轮廓，也不太会有吸油后反而造成肌肤缺水的顾虑。但是当工作环境不允许时也可以使用吸油面纸。

图3-55所示为用海绵吸油。

（2）将晕开的眼线清除干净　用棉棒以滚动的方式，将眼际晕开的眼线清除干净。

（3）遮盖黑眼圈　先将眼下结块的粉底用海绵清干净后，再使用眼部遮瑕膏重新遮瑕。

图3-55　用海绵吸油

（4）脸部遮瑕　经皮肤油脂的分泌，脸上瑕疵处的遮瑕品可能已脱落，这时我们需要重新遮盖瑕疵处。

（5）蘸取粉饼　在外补妆使用粉饼，易于携带，利用粉扑的一小角轻轻蘸取粉饼，注意不要蘸取过量，以免造成粉感过重的妆容。

图3-56所示为粉饼修补底妆。

（6）按压粉饼　在眼下三角区、T字带轻薄地按压粉饼，其他的部位视情况使用粉饼。这是完美补妆的秘诀，只要轻轻利用余粉带过，就可完成轻薄底妆。

（7）修补唇妆　当说话或者吃东西的时候容易将唇妆破坏，随身带着口红用于唇妆的弥补是十分必要的。

（8）洋溢气色　人的气色往往也是由内而外的精神流露，当补完一个妆容时，内心要充满着喜悦感，这无疑也在为自己

图3-56　粉饼修补底妆

的容妆洋溢带来活力。

图3-57所示为修补唇妆。

三、妆容的清洁

由于妆感不同，所以卸妆手法也不尽相同，针对妆面的浓度，我们将卸妆的方法分成两种。其一是浓妆的卸妆方法，适用于浓的职业妆容；其二是淡妆的卸妆方法，适用于比较轻淡的妆容，另外也可以根据自身肤质来选择卸妆方法。

图3-57　修补唇妆

1.浓妆的卸妆步骤

（1）卸除眼妆

① 将硬币大小的眼部卸妆液倒在化妆棉上，待其充分吸收。

② 化妆棉轻敷在眼部的同时用中指与无名指沿眼部弧度轻轻按压，使卸妆液完全溶解眼妆。若卸除防水睫毛膏时，先将面巾纸或化妆棉用剪刀剪成条状，然后用蘸取了眼部卸妆液的棉棒，轻轻地在睫毛根处停留5秒，最后顺着睫毛从上而下清理。

图3-58所示为化妆棉轻敷在眼部。

③ 用化妆棉沿眼部弧度，由内眼角向外眼角轻轻擦拭眼部。擦拭时手部力度要轻，不可反复涂抹。

图3-59所示为擦拭眼妆。

④ 将蘸有卸妆液的化妆棉放在下眼睑处，并用棉棒顺着睫毛生长的方向仔细清除睫毛膏。

图3-60所示为清洁睫毛膏。

图3-58　化妆棉轻敷在眼部

图3-59　擦拭眼妆

图3-60　清洁睫毛膏

⑤ 将上眼睑轻轻提起，并用棉棒沿睫毛根部轻轻擦掉眼线及细微的眼部彩妆残留物。

（2）卸除唇妆

① 用柔软的纸巾放在双唇中间，轻抿双唇，将唇部表层彩妆去除。

② 用指尖取适量卸妆乳，以打圈按摩的方式在唇部进行深层清洁。

③ 最后用化妆棉沿唇部轮廓将残余唇妆和卸妆乳轻拭干净。

（3）卸除眉妆

① 用蘸有卸妆油的棉签轻轻擦拭。

② 最后用化妆棉沿唇部轮廓将残余眉妆和卸妆乳轻拭干净。

（4）全脸卸妆　想要迅速而完全地卸除浓妆、宴会妆，非卸妆油莫属。卸妆油在溶解粉底后会呈油状，一遇水即乳化为细小泡沫，水洗后彻底清除妆容和污垢。

① 取适量的卸妆油，用化妆棉或指尖均匀地涂于脸部、颈部，以打圈的方式轻柔按摩。

② 鼻子以螺旋状由外而内轻抚，卸除脖子的粉底要由下而上清洁。

③ 用面巾纸或化妆棉拭净，直到面巾纸或化妆棉上没有粉底颜色为止。

图3-61所示为清洁面部妆容。

图3-61　清洁面部妆容

（5）洁面　卸妆完毕，应再用性质温和的洗面奶洗脸，然后再用爽肤水对肌肤做最后的清洁。在选用产品时，最好使用同一品牌的系列产品。

2. 淡妆的卸妆步骤

如果是平时化淡妆的时候，只用到防晒隔离产品、粉底，那么性质温和的卸妆乳与卸妆液的组合最适合，能在有效清洁肌肤的同时，还会给肌肤滋润与呵护。

（1）卸妆步骤

① 取适量的卸妆乳，用化妆棉或指尖均匀地涂于脸部、颈部，以打圈的方式轻柔按摩。鼻子以螺旋状由外而内轻抚，卸除脖子的粉底要由下而上清洁。如果使用卸妆液，则将卸妆液倒在化妆棉上，轻轻擦拭面部。

② 用面巾纸或化妆棉拭净，直到面巾纸或化妆棉上没有粉底颜色为止。

③ 再使用洁面产品，用性质温和的洗面奶洗脸，然后再用化妆水对肌肤做最后的清洁。在选用产品时，最好使用同一品牌的系列产品。

（2）卸妆提示

① 使用化妆棉卸妆时，可将化妆棉对折两次，用完一面再换干净的一面擦拭，这样一来化妆棉便可重复使用多次，既节省了化妆棉又提醒了自己多卸几次妆。

② 切记不可一边卸妆一边按摩，免得将好不容易浮出的化妆品，又塞回毛孔中。要先将卸妆乳液清除掉，再以洁面产品或按摩霜来按摩。使用卸妆乳液之后，再用洁面产品彻底地清洗一次。

 延伸阅读

呵护你的形象之手

常言道：手是人的第二张面孔，手也是形象中不可或缺的一个重要组成部分。介绍几种手部保护的方法，供参考。

（1）手部保养　手部也必须像面部一样经常地保养与补水。

（2）手套防护　在做家务事时，要戴上适合的手套，尽可能不裸手干活，以保持手部皮肤的清洁与完美。

（3）手部按摩　空闲时间里，左右手可以经常互相按摩，促进手部皮肤的血液循环，提高皮肤细胞的活跃度，增加手部皮肤的弹性。

（4）避免紫外线　在太阳底下可以撑一把防紫外线的遮阳伞，再戴上一副轻薄的手套，涂上高效的防护霜，对双手进行多层次的保护。

（5）专业护理　定期到专业的美容机构做手部护理，可以更加细腻地为自己的一双手进行呵护保养，清除皮肤内的垃圾，补充进营养成分。

（6）指甲养护　按照专业的指甲护理技术，清理及保养好指甲，以防止指甲干燥、开裂或者失去光泽。指甲油的涂抹要遵照航空公司的规定要求。

（7）饮食营养　多吃一些富含蛋、奶、豆制品、鱼和坚果之类的食物，补充蛋白质、锌、铁和维生素B，可以较好地避免指甲因缺乏矿物质而出现薄而碎的现象。

? 思考与练习

1. 基础妆容的化妆步骤有哪些？
2. 客舱乘务职业妆容的化妆步骤有哪些？各步骤的注意事项是什么？
3. 如何进行补妆？分哪几个步骤？
4. 客舱乘务职业妆容应如何卸妆？
5. 针对个人的脸型，设计一套完整的航空职业妆容。

（本模块中图3-3、图3-4及图3-39由南昌理工学院提供；
图3-11、图3-26、图3-27、图3-31、图3-32、图3-34、图3-35、图3-40、
图3-42、图3-43、图3-45～图3-47由西安航空职业技术学院提供）

航空职业形象的着装设计

CHAPTER 4

学习目标

1. 了解亚洲人肤色类型及适合服色。
2. 掌握服装色彩的搭配原则。
3. 熟练掌握男女乘务人员的着装要求。
4. 清楚知道空乘制服的特点及个性。

学习任务

在航空职业形象的整个造型中,着装设计是能够很好地体现航空人员外在形象的重要组成元素,充分地了解肤色与服色之间的必然联系以及航空服饰的搭配原则及要求,塑造好航空职业形象中的服饰形象。

通过本模块学习,清楚服装色彩基础、航空制服的特点及男女乘务人员的着装要求,掌握航空着装与一般穿着的区别,让自己穿出航空制服的风采来。

任务一　服饰的色彩搭配

 要点提示

要想让个人的职业形象更加地光彩夺目,更好地为航空职业增光添彩,还必须了解服饰色彩的一些知识,认识肤色与服色的关系。

通过本任务的学习,掌握服装色彩的基本知识、色彩的搭配原理,为航空职业形象塑造提供必要的服装色彩理论基础。

一、肤色与服色

1. 亚洲人的肤色

亚洲人的皮肤主要分为白皙雪人型、红粉娇人型、健康小麦型、亚洲黄色型四种类型。一个人的肤色怎样也就决定与服饰搭配的效果如何,所以了解肤色与服色的对应关系,对航空服务人员也是十分有必要的。

(1) 白皙雪人型 拥有白皙皮肤的女性是令人羡慕的,似乎她们穿什么衣服都比较好看,但事实并非如此。其实肤色较白的女性不宜穿冷色调,否则会越加凸显脸色的苍白。最好穿淡黄、淡蓝、粉红、粉绿等单色系列的服装,这样会显得格外青春、柔和、甜美。另外以较重的黄色加上黑色或紫罗兰色的装饰色,或是紫罗兰色上配上黄棕色的装饰色,也比较适合。但黄色部分最好别太靠近脸部,否则会显得皮肤过于暗淡。

图4-1所示为航空职业紫罗兰色套装搭配。

(2) 红粉娇人型 这种脸色的女性可以选择穿咖啡色搭配蓝色,黄棕色搭配蓝绿色,红棕色搭配蓝绿色以及淡橙黄色黑色或棕色等。面色红润的黑发女性,最宜采用微饱和的暖色作为衣着,也可采用棕黄色,黑色加彩色装饰,或珍珠色用以陪衬健美的肤色。不宜采用紫罗兰色,亮黄色,浅色调的绿色,纯白色,因为这些颜色能过分突出皮肤的红色。此外,冷色调的淡色如淡灰色等也不相宜。

图4-2所示为航空职业红色裙装搭配。

(3) 健康小麦型 拥有这类肌肤的女性们,会给人一种健康活泼的感觉。最适合她们的搭配应首选对比强烈的黑白两色,深蓝淡灰等沉稳的色调以及桃红,深红,翠绿这些鲜艳色彩最能突出开朗的性格。

图4-3所示为航空职业红色套裙搭配。

图4-1 航空职业紫罗兰色套装搭配　　图4-2 航空职业红色裙装搭配　　图4-3 航空职业红色套裙搭配

（4）亚洲黄色型　亚洲人的皮肤都会有发黄的特点，如果衣服搭配不当会给人一种不健康的感觉。黄色的皮肤适合穿蓝色或浅蓝色的上装，它能衬托出皮肤的洁白娇嫩，适合穿粉色，橘色等暖色调衣服。应避免绿色或灰色调的衣服，因为这样会显得皮肤更黄甚至显出"病容"。

图4-4所示为航空职业蓝色套裙搭配。

2.服装的色彩及其含义

每种颜色给人的感觉和印象是完全不同的。由于国家文化的不同，每个国家对于颜色的定义也不尽相同。例如，对于中国来说，红色是中国国旗的颜色，也是世界人民对于中国的印象。所以各国航空公司在考虑航空人员制服颜色时，都会考虑是否适合本国人民的肤色，是否符合国家文化，是否符合企业文化以及时代性等因素。

以下内容介绍几种颜色给人们的感觉及其含义。

（1）红色　红色的含义是活跃、热情、勇敢、爱情、健康。

红色是鲜艳而醒目的颜色，从套装类型到运动装类型均可采用，应用范围广泛，红色和黑色一样适于任何场合。而搭配黄色显得清新活泼；艳丽色中的蓝、绿色搭配红色最出色；搭配黄色或紫色则代表热情；搭配深色十分优雅，和自然色搭配可表现柔和。红色近年来在国内各航空公司的服饰中被大量使用。

图4-5所示为国际航空公司的红色制服。

（2）白色　白色的含义是神圣、纯洁、平安、朴素、善良。

白色作为单一色调的色彩，在服饰表现中一般作为配色或衬托色使用的场合较多，在国内航空公司无论是男女职员的衬衫通常都会采用白色基调的，显得整洁与美观。但也有的航空公司直接使用白色作为航空制服的外套颜色或夏季上衣颜色，这在国外的航空公司中也较为常见。

图4-6为大韩航空公司的白色制服。

图4-4　航空职业蓝色套裙搭配　　图4-5　国际航空公司的红色制服　　图4-6　大韩航空公司的白色制服

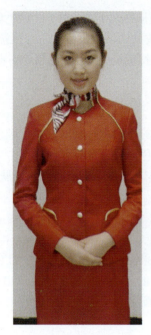

图4-7　航空职业制服中橙黄色镶嵌

（3）橙色　橙色的含义是富饶、充实、未来、友爱、豪爽、积极。

橙色最能够表现大胆，而作为点缀色是很出彩的。和红色比较，橙色较难配色。要表现时尚，搭配黑色最适合；要表现健康活泼，可搭配白色、红色。此外，搭配深色或自然色显得自然。

图4-7所示为航空职业制服中橙黄色镶嵌。

（4）黄色　黄色的含义是智慧、光荣、忠诚、希望、喜悦、光明。

黄色是高纯度色彩。在艳丽色中和任何颜色搭配均适宜。搭配黑色、白色和灰色，时尚而不失庄重；和对比色蓝色搭配，是最适合夏天的清爽配色；而搭配红色系则显得热情。由于颜色明亮，宜搭配粉色，但还是以对比色蓝色系较合适。

黄色在航空制服中基本上不作为大面积使用的服饰颜色，有可能是因为黄色有时也代表着警示或警告。例如，客舱中的安全用品一般都是黄色的。

图4-8所示为客舱内黄色安全用品（客舱安全演示训练）。

图4-8　客舱内黄色安全用品
（客舱安全演示训练）

（5）绿色　绿色的含义是公平、自然、和平、幸福、理智。

绿色搭配白色清爽健康；搭配黑色则闪烁着神秘的光辉；而搭配灰色则较冷峻，可以用暖色系弥补。与红色搭配非常抢眼，搭配粉彩色对比色较好。

绿色基调在铁路运输工作人员的制服中通常被使用，但近年来在国内外的航空服饰中也频繁地出现，一般会作为配色使用，直接使用绿色作航空制服的较少。

（6）黑色　黑色的含义是神秘、寂寞、黑暗、压力、严肃、气势。

黑色不仅和白色之间搭配得当，与其他颜色也能搭配出很好的效果来。例如，黑白灰是近年相当流行的搭配，受到大众人群的欢迎，是职业服装中不可缺少的色彩。

黑色在航空制服中一般作为男职员的服装使用色彩较多，另外还作为男女职员箱包、手袋的使用色彩。服饰中的套装、裙装也会有黑色。

图4-9所示为航空公司男职员黑色制服。

（7）灰色　灰色的含义是理智、干练、简约。

灰色近年来在国内外的航空制服中也会被使用，或作为配色或直接用在服装的色彩中，只不过航服中的灰色中也会带些天蓝色的明快基调，而不是暗灰色。

图4-10所示为海南航空公司的灰色制服。

图4-9 航空公司男职员黑色制服　　图4-10 海南航空公司的灰色制服

(8) 天蓝色　天蓝色的含义是自信、永恒、真理、真实、沉默、冷静。

天蓝色柔和而富有早春气息,令人感觉生命的跳动。天蓝色最适合搭配白色,年轻活力;搭配少量的黑色,典雅庄重。可搭配任何粉彩色,但和艳丽色搭配是应慎选颜色。虽可搭配黄色系,但其他艳丽色只适合作点缀。而深色不宜太出色。

天蓝色作为航空制服的基本色或底色调,某种程度上代表着天空和白云,是吉祥色彩,显得时尚、贵气,近年来在国内外的航空服饰中经常被采用。

图4-11所示为深圳航空公司的蓝紫色制服。

(9) 紫色　紫色的含义是权威、尊敬、高贵、优雅、信仰、独立。

紫色是适合秋天的颜色,代表古典与优雅。紫色所能搭配的颜色有限,适于搭配单色或肤色。艳丽色只能用冷色作点缀;粉彩色除了淡色以外,也适宜用冷色;而深色中,可搭配绿色或深蓝色。

紫色的幽雅程度是其他色彩所不能比拟的,需要注意适合的色彩搭配。近年来航空服饰中也有经常出现各种各样的紫色调,有深紫、浅紫及混合色系。

图4-12所示为厦门航空公司的紫色制服。

(10) 深蓝色　深蓝色代表着庄重、成熟、稳健、大气和富贵。

深蓝色是属于蓝色系,所以适合搭配白色。和灰色是传统的配色法,而黑色,除非经过刻意修饰,否则应尽量避免。也可搭配对比的艳丽色、粉彩色、深色,至于自然色以肤色搭配最佳。深蓝色很适合作职业装,特别是在航空制服中常作为外套或大衣款色彩,也可作为大气的女职业套装及裙装。

图4-13所示为东方航空公司的深蓝色制服。

图4-11 深圳航空公司的蓝紫色制服

图4-12 厦门航空公司的紫色制服

图4-13 东方航空公司的深蓝色制服

二、色彩的搭配技巧

1.服装色彩搭配原则

服装色彩的搭配技巧总的来说,分为两大类,一类是协调色搭配,另外一类则是对比色搭配。

图4-14所示为24色色相环。

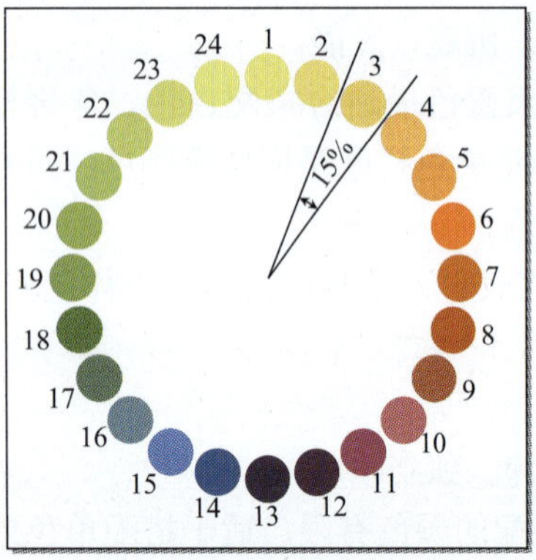

(1) 对比色搭配

① 强烈色搭配 在色相环上两种颜色位置相距120度左右,指两个相隔较远的颜色相称,如:黄色与紫色,血色与青绿色,这种配色对比强烈。

日常生活中,我们常看到的是黑、白、灰与其他颜色的搭配。黑、白、灰不在色相环里,为无色系,因此,无论它们与哪种颜色搭配,都不会出现大的问题。一般来说,如果同一个色与白色搭配时,会显得明亮;与黑色搭配时就显得昏暗。因此在进行服饰色彩搭配时应先衡量一下,是为了突出哪个部分的衣饰。不要把沉着色彩,例如,深褐色、深紫色与黑色搭配,这样会和黑色呈现"抢色"的后果,令整套服装没有重点,而且服装的整体表现也会显得很沉重、昏暗无色。色彩要有轻重之分,也就是说在彩色的搭配中大面积色块不要对半平分。

图4-15为对比色搭配和补色搭配。

图4-14 24色色相环

图4-15 对比色搭配和补色搭配

② 补色搭配　在色相环上两种颜色位置相距180度左右，两个相对的颜色的匹配，例如，红与绿，青与橙，黑与白等，补色相称能造成显明的对比，有时会收到较好的效果。能搭配出长远的经典。

（2）协调色搭配

① 同种色搭配　在色相环上两种颜色位置相距小于30度，这是一种最简便、最基本的配色方法。同种色是指一系列的色相相同或相近，由明度变化而产生的浓淡深浅不同的色调。同种色搭配可以取得端庄、沉静、稳重的效果，适用于气质优雅的成熟女性。但必须注意同种色搭配时，色与色之间的明度差异要适当，相差太小，太接近的色调容易相互混淆，缺乏层次感；相差太大，对比太强烈的色调易于割裂整体。同种色搭配时最好深、中、浅三个层次变化，少于三个层次的搭配显得比较单调，而层次过多易产生繁琐、散漫的效果。例如，青配天蓝，墨绿配浅绿，咖啡配米色，深红配浅红等，同类色配合的服装显得柔和文雅。

图4-16所示为同种色搭配和相似色搭配。

图4-16　同种色搭配和相似色搭配

② 相似色搭配　所谓相似色系指色环大约在90度以内的邻近色。如红与橙黄、橙红与黄绿、黄绿与绿、绿与青紫等都是相似色。相似色服装搭配变化较多，且仍能获得协调统一的整体效果，颇受青睐。

2.身材与服装色彩搭配原则

在配色时，必须注意服饰色彩的整体平衡以及色调的和谐。通常浅色衣服不会发生平衡问题，下身着暗色也没有多大问题，如果是上身暗色，下身浅色，鞋子就扮演了平衡的重要角色，它应该是暗色比较恰当。

一般情况下，纯度高的颜色带给人膨胀的感觉，纯度低的颜色带给人收缩的感觉；明度高的颜色带给人膨胀感，明度低的颜色带给人收缩的感觉。

（1）标准型的身材　拥有平均身高，胸围和臀围相等，腰部大约比胸围小25厘米。成功的体型弥补的方法要达到的目的就是让身材看上去接近标准型的身材。色彩修正是较为容易的方法之一。在适合一个人的色彩群中，有膨胀色，也有收缩色，合理地使用会修正弱点或强调优点，达到完美的效果；如果使用不当的话，本来适合的颜色强调了一个人的弱点，漂亮的颜色在身上的位置不当，整体色彩形象失去平衡，就达不到预期的效果了。

（2）梨形身材　身材特征是肩部窄，腰部粗，臀部大。弥补方法有胸部以上用浅淡或鲜艳的颜色，使视线忽略下半身。注意事项是上半身和下半身的用色不宜强烈对比。

（3）倒三角形身材　身材特征是肩部宽，腰部细，臀部小。弥补方法有上半身色彩要简单，腰部周围可以用对比色。注意事项是回避上半身用鲜艳的颜色，对比的颜色。

（4）圆润型身材　身材特征是肩部窄，腰部和臀部圆润。弥补方法有领口部位用亮的鲜艳的颜色，身上的颜色要偏深，最好是一种颜色或渐变搭配。注意事项是身上的颜色不宜过多或鲜艳。

（5）窄型身材　身材特征是整体骨架窄瘦，肩部、腰部、臀部尺寸相似。弥补方法是多使用明亮的或浅淡的颜色，可使用对比色搭配。注意事项是不宜用深色、暗色。

（6）扁平型身材　身材特征是胸围与腰围相近，臀围正常或偏大。弥补方法是用鲜艳明亮的丝巾或胸针装饰，将视线向上引导。注意事项是不宜用深色装饰。

任务二　航空职业服饰穿戴

要点提示

> 航空职业装不仅代表了航空服务人员的个人形象，也代表了所属航空公司的企业形象，更象征着航空业的一种朝气与活力。透过航空制服的整齐、大方、端庄、典雅、美丽、稳重及干练，显示出航空职业队伍的一种凝聚力和向心力，同时在无形中也增强了每个人的自信心。
>
> 通过本任务的学习，掌握好航空职业着装的基本原则及着装特点，男女职员的着装要求，认真体会不同的航空制服款式所表达的深刻内涵与形象品质。

一、航空着装的基本原则

1. 着装的T.P.O原则

T.P.O原则分别是英语Time、Place、Occasion三个词的缩写字头，即着装的时间、地点、场合的原则。一件被认为美的漂亮的服饰不一定适合所有的场合、时间、地点。因此，我们在着装时应该要考虑到这三方面的因素。

着装的时间原则，包含每天的早、中、晚时间的变化；春、夏、秋、冬四季的不同和时代的变化。着装的地点原则是指环境原则，即不同的环境需要与之相适应的服饰打扮。着装的场合原则是指场合气氛的原则，即着装应当与当时当地的气氛融洽协调。客舱乘务人员的着装分为夏装和冬装，具体着装要求应根据当年实际气温适当调整，以乘务大队下通知为准。

2. 整洁原则

整洁原则是指整齐干净的原则，这是服饰打扮的一个最基本的原则。一个穿着整洁的人总能给人以积极向上的感觉，并且也表示出对交往对方的尊重和对社交活动的重视。整洁原则并不意味着时髦和高档，只要保持服饰的干净合体、全身整齐有致即可。

3. 统一原则

每位客舱乘务人员都是是航空公司的一分子，当客舱乘务人员在执行航班任务的时候都是以乘务组为单位，所以在执行航班任务时，客舱乘务人员应身着统一制度，同时体现个人风采与企业形象。

二、男职员着装

（1）衬衣　着衬衣时，需扣好纽扣，佩戴领带，并将衬衣下摆系入裤子中。
（2）领带　着制服必须系配发的领带，不得有其他饰物。
图4-17所示为男职员制服及领带。
（3）裤子　应熨烫平整，保持干净、整洁。
（4）鞋　着配发的皮鞋，保持光亮无破损。
（5）工作帽　着春秋、冬季服装时，应佩戴工作帽。
（6）风衣、大衣　穿风衣、大衣时须扣好纽扣、戴好帽子。
图4-18所示为男职员大衣。
（7）服务号码牌、特色牌　应别于左胸上方，特色牌别于号码下方。
（8）登机证　上、下飞机时，应使用公司统一配发的证件挂带，将登机牌挂在胸前，列队行进。
图4-19所示为男职员服务号码牌、登机证佩戴。

图4-17　男职员制服及领带　　图4-18　男职员大衣　　图4-19　男职员服务号码牌、登机证佩戴

三、女职员着装

（1）工作帽　着秋冬季服装时，佩戴工作帽。

图4-20所示为女职员工作帽。

（2）衬衣　着衬衣时，需扣好纽扣，佩戴领带，并将衬衣下摆系入裤子中。

图4-21所示为女职员短袖上衣。

（3）裤子、裙子　应熨烫平整，保持干净、整洁。

图4-22所示为女职员裙套装。

图4-23所示为女职员裤装。

图4-20　女职员工作帽

图4-21　女职员短袖上衣

图4-22　女职员裙套装

图4-23　女职员裤装

（4）鞋　着配发的工作鞋，皮鞋保持光亮无破损，注意鞋跟的保养。

（5）袜子　根据不同着装统一穿肉色连裤袜，袜子不得有抽丝、破洞现象，并准备备份袜。

图4-24所示为女职员鞋子及丝袜。

（6）风衣、大衣　穿风衣、大衣时须扣好纽扣，系好腰带，戴好帽子。

图4-25所示为女职员大衣。

（7）围裙　在进行餐饮服务时穿戴，应保持熨烫平整、干净。穿、脱围裙时要避开乘客视线，不得穿围裙进入卫生间。飞行时要求携带备份围裙。

（8）服务号码牌、特色牌　应别于左胸上方，特色牌别于号码下方。

（9）登机证　上、下飞机时，应使用公司统一配发的证件挂带，将登机牌挂在胸前，列队行进。

图4-26所示为女职员服务号码牌、登机证佩戴。

（10）头饰　必须戴公司配发的头花及发网。

（11）丝巾　着春秋、冬装时应佩戴丝巾，要时刻保持丝巾颜色鲜艳、干净整洁，熨烫平整，如有退色应及时更换。佩戴方式应统一。

图4-27所示为女职员丝巾。

图4-24　女职员鞋子及丝袜

图4-25　女职员大衣

图4-26　女职员服务号码牌、登机证佩戴

图4-27　女职员丝巾

四、着装注意事项及要求

（1）客舱乘务人员在着制服时不得出现下列情况

① 制服上有污垢、掉纽扣、皱折、撕破、织补或毛边等现象；

② 大声喧哗、嬉笑或吵闹；
③ 边走边吸烟、嚼口香糖等行为。

（2）制服的保养　制服穿脏后应及时清洗，保持干净平整。除围巾、衬衣、围裙可湿洗外，其他应干洗。

（3）冬季迎送客的着装规定
① 当气温较低天气寒冷时，站在客梯车或廊桥上送客的乘务员可着风衣或大衣送客；
② 客舱送客的乘务人员，必须着装统一，可着外套送客；
③ 较大的雨、雪等恶劣天气可不在客梯车上送客，但廊桥上必须有乘务员送客；
④ 当客舱关闭后，应及时脱掉大衣或风衣进行客舱服务。
客舱乘务人员的换装时间可根据当年实际气温适当调整，以乘务大队下通知为准。

（4）客舱乘务人员的着装要求　着制服时，必须系好纽扣、衣带，在行进中、乘客登机时应统一着装。

（5）佩戴饰物　如手表、戒指、耳环，按照各航空公司的规定执行。一般女士可佩戴一枚戒指、一块职业手表和一对黄豆大耳针（男士可佩戴一枚戒指、一块职业手表）。

五、男职员领带、女职员丝巾的系法

1. 男职员领带的系法

（1）单结系法　男士领带的单结系法是最普遍的系法，适合于各种款式系列的衬衫及领带，也适用于质地较厚的领带，一般打在标准式纽扣衬衫的领口。这种系法做起来很简单，也是所有领结中最容易上手的，非常适合初学者及快速打好领带者。

图4-28所示为男职员单结领带系法步骤示意图。

图4-28　男职员单结领带系法步骤示意图

图4-29所示为单结领带系法步骤示意图。

图4-29　单结领带系法步骤示意图

（2）双结系法　适用于标准扣领及尖领系列衬衫，一般适合质料较柔软的细款领带。

图4-30所示为双结领带系法步骤示意图。

图4-30　为双结领带系法步骤示意图

（3）十字结系法　男士领带的十字结系法看起来比较优雅，因其打法较为复杂，故不常见，但使用细款领带时较容易上手，最适合搭配尖领及标准式领口系列衬衫上。

图4-31所示为十字结领带系法步骤示意图。

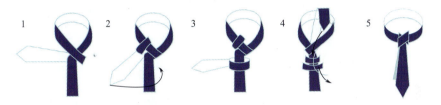

图4-31　十字结领带系法步骤示意图

（4）温莎结系法　此种领带结型较一般结型宽，故比较适合搭配在意大利式领口（八字领）的系列衬衫上，非常适用于细致的丝质领带。系法看起来庄重、沉稳、大气。适合于肩膀宽阔或身材魁梧的男士以及出席商务活动的正式场合之用。

图4-32所示为温莎结领带系法步骤示意图。

图4-32　温莎结领带系法步骤示意图

（5）时尚结系法　这款领带结型是最具时尚的系法，经过领带宽端的三次缠绕系结而成，系好的领结松弛有度，体贴性好。做起来也简单明快，通常显得领带的宽端余长，更加突显男士潇洒的风度气质。适合气氛轻松的场合及半休闲式服装的搭配。

图4-33所示为时尚结领带系法步骤示意图。

图4-33　时尚结领带系法步骤示意图

2. 女职员丝巾的系法

（1）小蝴蝶结系法　小方巾折叠、打活结，系法简单、快捷，但单结要系紧，否则容易松开。

图4-34所示为小蝴蝶结系法。

（2）兜花结系法　兜花结系法即是把小方巾对角折后，将两边的两个对角直接系在脖子后面，简单、方便，看起来也很大方。此种系法比较适合标准领的衬衫，好固定丝巾。

图4-35所示为兜花结丝巾系法。

图4-34　小蝴蝶结系法　　　　图4-35　兜花结丝巾系法

（3）花冠结系法　丝巾的花冠结系法看上去很美观，所以一般会被客舱乘务人员经常使用，花冠结的系法其实并不十分复杂，只要掌握住方法，也会很快速地完成。

具体做法：提起小方巾两边角，然后将两角系结实，再把剩余的两角分别从系结的下面反方向相对穿过，抖一抖，整理好就成了一个漂亮的花冠结。

图4-36所示为花冠结系法步骤。

图4-36　花冠结系法步骤

（4）丝巾的各种佩戴方法　图4-37～图4-39所示为客舱乘务人员丝巾的佩戴方法。

图4-37　客舱乘务人员丝巾的佩戴方法（1）

图4-38 客舱乘务人员丝巾的佩戴方法（2）

图4-39 客舱乘务人员丝巾的佩戴方法（3）

六、空乘制服的特点

1.民族性

综观世界上各个国家空乘制服的特点，不难发现深藏于其中的民族性成分。着重体现在服饰上所表达出的鲜明的本土文化元素、服务诠释以及完善航空服务人员的对外形象，民族性特征显而易见。民族性成分同时也包含了航空公司形象及民航业特征。近年来，关注独特视觉及整体效果的中国各大航空公司在制服的设计中无不处处彰显着华夏民族的文化韵味以及与国际大文化的融合。

空乘制服的民族性特点不仅表现在空乘制服的设计款式上，还表现在面料及搭配的颜色上以及体现本民族美好寓意与吉祥氛围。团结、向上、和谐、发展、包容、创新及繁荣，这些特征在空乘制服中尤其突出。

图4-40所示为国际航空公司客舱乘务人员制服。

图4-41所示为南方航空公司客舱乘务人员制服。

图4-42所示为四川航空公司客舱乘务人员制服。

图4-40 国际航空公司客舱乘务人员制服

图4-41 南方航空公司客舱乘务人员制服

图4-42 四川航空公司客舱乘务人员制服

2.职业性

空乘制服的职业化特点,由其工作的性质及特定的工作环境所决定,设计制作者会考虑到诸多的具体功能性要求和制约。特别是在材料的选择及色彩的搭配上,为了满足客舱乘务人员的工作需要,要权衡材料的使用性能、适应性能、质感、加工性能等要素;更重要的是在款式的设计上还要综合考虑到航空工作的职业化需求,体现出各航空公司服务人员的职业风采。因此不仅结构合理,色彩适宜,还要在保证质量要求的前提下,应尽可能地价格合理,一衣多穿。

图4-43 新加坡航空公司客舱乘务人员制服

在现代空乘制服制作的过程中,运用了先进的现代科研成果,包括在材料、设计、打版、制作、包装等各个环节中。新型纺织材料的不断涌现,给空乘制服的职业化需求,提供了更加适合、可塑的各种服装款式,美化着职业形象。

众所周知,新加坡空姐的美丽、温柔及体贴式服务,是所有乘客都会难以忘怀的,而她们身上的那一身充满新航情调,十分合体的空乘制服,却是让每一个女性乘客都心生向往的。这套制服出自巴黎著名女装大师皮耶巴曼的设计之手,是给每一个客舱乘务人员量身定制的,采用蜡染印花面料制作,加之迷人的花型,把新航空姐的一举一动,都衬托得优雅无比、楚楚动人。她们赢得了赞誉和尊荣的同时,也成为了新航公司领先国际航空的最佳形象标志。

图4-43所示为新加坡航空公司客舱乘务人员制服。

图4-44所示为印度航空公司客舱乘务人员制服。

3.时代性

空乘制服的时代性特点,集中了政治、经济、流行文化、文艺思潮等多重因素,通过服色、造型、饰物等折射出来。今天的空乘制服时代特征是既从传统服饰中吸收精华加以改造,又从外来服饰中汲取养料适当应用,兼容并蓄、异彩纷呈,呈现出不同时代下空乘制服的时尚感及多姿多彩的繁荣景象。

世界公认,法国是最时尚的国度,法国航空的空乘制服在业界颇有口碑,体现了高雅的巴黎时尚又不乏创意,既素雅端庄又美轮美奂。全套制服从手套、女鞋、帽子、短外衣到正装,甚至包括孕妇装,都史无前例地出自一人之手——巴黎高级女装设计师克里斯汀·拉克鲁瓦。新款制服的基本色仍然是法航使用了70余年的深蓝色,而设计师在经典的"法航色"基础上,加入了白色和红色,这一颜色既体现了女性的柔和气质,又不失时机地展现了时尚动感。

图4-44 印度航空公司客舱乘务人员制服

图4-45所示为法航客舱乘务人员制服。

图4-45　法航客舱乘务人员制服

延伸阅读

中国航服知多少

中新社消息：1955年，中国民航第一批十八名空中姐妹花诞生，她们的航空制服有着浓郁的苏式军服特色，绿色呢子大衣，翻领、双排铜扣。上衣是俗称的"列宁装"，头戴无檐帽，脚穿长筒皮靴，和飞行员着装一样。

20世纪60年代末，中国民航女空乘的制服效仿当时社会流行的女性服装，浅灰色方领上衣，蓝裤子。飞行员的服装则与当时空军的装束没什么两样，草绿色中山装式军上衣、蓝裤子和解放帽。机务维修人员穿的就是一套灰布中山装。

20世纪70年代，女空乘穿的是一套宽松肥大的天蓝色制服，翻领、单排铜扣的上衣和一条长裤。而飞行员则戴着一顶硬壳帽，着深蓝色中山装式制服，如果不看头上帽徽的话，就很难搞清楚他是飞行员还是军人与警察。

20世纪70年代末80年代初，女乘务员身穿深蓝色单排扣西式上衣，和当时流行的裤管肥肥的长"筒裤"。只不过她们不再扎着两条长辫，而是留着一头在当年电影中常见到的那种齐耳长的卷式发型。

1988年，中国民航进行体制改革，各个航空公司走上了企业化的道路，中国空姐统一的服饰，也随之不复存在。我国各航空公司的空姐们，都换上了代表着本公司形象的空姐服装。国航的空姐们于1988年7月1日，穿上了皮尔·卡丹设计的"宝石蓝"制服，包括无领上衣、套裙和长裤，条纹图案的衬衫领口，还有一条丝巾。配上头戴的小圆帽显得优雅端庄。这是新中国民航史上，第一套真正意义上的空乘职业装。

2002年10月11日，民航六大集团在京成立，在中国民航公司的发展与竞争中，航空工作人员的服饰也有了突飞猛进的变化，不断刷新着航空形象。

2003年1月1日，中国国际航空公司（国航）空姐正式换上了法国著名时装设计师拉比杜斯设计的新服装。服装分为两套，一套为蓝色，另一套为中国红色。如今，国航空姐服装，已经走在了世界先进航空公司的前列。

在中国民航业快速发展的有效引领下，其他各航空公司的空姐服饰也呈现出新潮大气的空服特点，可以用"万紫千红"、"百花齐放"、"风姿卓绝"等诸多美好的字眼来形容空姐们的各色各式的服饰。不仅真正地体现出了民族化与国际化相结合的特点，也更加细致化地展示出了中国航空人才的新时代形象及精神面貌，中国民航运输业呈现在国际大航空格局中的朝气与活力让人一览无余。

思考与练习

1. 亚洲人肤色分几种类型？各适合什么服装颜色？
2. 服装色彩有哪些必要的搭配原则？
3. 请详细阐述男女乘务人员的着装要求。
4. 空乘制服的特点有哪些？如何理解空乘制服的职业化需求？
5. 如何在自己身上塑造出航空服饰的时尚风彩？

（本模块中图4-1～图4-4、图4-7、图4-9、图4-17～图4-19、图4-21、图4-22、

图4-24～图4-28、图4-34及图4-36由南昌理工学院提供；

图4-8、图4-23、图4-35由武汉商贸职业学院提供；

图4-20由西安航空职业技术学院提供）

模块五

航空职业形象的仪态要求

学习目标

1. 清楚航空服务人员的标准仪态。
2. 明白航空服务人员仪态中的禁忌。
3. 掌握在服务中表情动作的要领。

学习任务

仪态含意：仪态是指人在行为中身体所呈现的姿势、举止、动作和样子。在人与人的交往中，往往可以通过一个人的仪态来判断他的品格、学识、能力以及其他方面的修养程度。

仪态认知：仪态的美是一种综合的美、完善的美，是仪态礼仪所要求的。这种美是身体各部分器官相互协调的整体表现，同时也包括了一个人的内在素质与仪表特点的和谐一致。

仪态美的重要性：气质高雅、仪态优美的航空服务人员可以给乘客留下较为深刻的好印象，受到大家的尊重。

通过本模块学习，掌握航空职业形象中的标准站姿、坐姿、行姿、蹲姿、端姿、手势、微笑等基础内容，建立标准仪态的完整概念，练好平时的基本功。

任务一　站姿训练

 **要点提示**

常言道"站如松，坐如钟"，这是中国传统的形象标准尺度。人们在描述一个人生机勃勃充满活力时，经常使用"身姿挺拔"这类词语，站姿也是衡量一个人外表乃至精神的重

要标准。优美的站姿是保持良好体型的秘诀。从一个人的站姿中,就可以看出其精神状态、品质修养及健康状况。

通过本任务的学习,更好地理解与掌握航空服务人员的标准站姿、男女常用站姿,懂得站姿的规范要求,还要注意站姿中的禁忌。

一、航空服务人员的标准站姿

1. 站姿标准

(1)头正　两眼平视前方,嘴微闭,收颌梗颈,表情自然,稍带微笑。

(2)肩平　双肩打开,微微下沉。

(3)躯挺　胸部挺起、腹部往里收,腰部正直,臀部向内向上收紧。

2. 常用站姿

男女因性别不同,站姿的标准也略有不同。在遵循基本站姿的基础上,男士站立时,应注意表现刚健、强壮的风采,给人以力量之美。女士站立时要表现女性端庄、大方的韵味,给人以静柔之感。

(1)男士常用站姿

① 垂臂式站姿　站立时,双脚脚跟相靠,脚尖打开,两腿绷直,双臂自然下垂,五指并拢,中指对准裤缝。

图5-1　男士垂臂式站姿

图5-2　男士后背式站姿

图5-1所示为男士垂臂式站姿。

② 后背式站姿　双脚打开，与肩同宽，双手自然背于身后。

图5-2所示为男士后背式站姿。

③ 腹前交叉式站姿　后脚跟并拢，两腿直立；或者双脚打开，与肩同宽，双手自然交叉放于小腹前。

图5-3所示为男士腹前交叉式站姿。

（2）女士常用站姿　女性常用站姿为腹前握指式。站立时，两臂放松，自然下垂，双手交叉放于肚脐位置上（女性四指并拢，虎口张开，将右手搭在左手上，拇指叉开，虎口相交）。双脚以V字步或丁字步站立。V字步，两脚脚跟相靠，脚尖展开45度～60度，身体重心主要支撑于脚掌、脚弓之上；丁字步，双脚呈垂直方向接触，其中一脚脚跟靠在另一脚窝处，两脚尖对两斜角，如丁字，左脚尖对侧方者，称左丁字步；右脚尖对侧方者，称右丁字步。

图5-4所示为女士V字步站姿。

图5-5所示为女士丁字步站姿。

图5-3　男士腹前交叉式站姿

图5-4　女士V字步站姿

图5-5　女士丁字步站姿

（3）服务中的站姿　图5-6、图5-7所示为女士施礼及迎客站姿。

图5-8所示为递接式站姿；图5-9所示为示意式站姿。

图5-10所示为男士服务站姿，图5-11所示为女士服务站姿。

图5-6　女士施礼站姿

图5-7　女士迎客站姿

图5-8　递接式站姿

图5-9　示意式站姿

图5-10　男士服务站姿

图5-11　女士服务站姿

二、站姿的要求

1. 站姿的注意事项

在日常工作和生活当中，作为航空服务人员，尤其是空乘人员要时刻注意自己的站立姿势，避免以下不良的动作：身体抖动或晃动，双手插入衣服口袋或是裤子口袋当中，双臂交叉抱于胸前，双手或单手叉腰，双脚在地面滑来滑去等。像这些现象都会有损航空人员的职业形象，给乘客留下不良的印象。

2. 站姿的练习

好的站姿能通过学习和训练而获得。利用每天空闲的时间练习20分钟左右，效果将会非常明显。

（1）贴墙直立训练　背着墙站直，全身背部紧贴墙壁，然后后脑勺、双肩、臀部、小腿及脚后跟与墙壁紧贴，这样做的目的是让头、肩、臀、腿之间纵向练成直线。

（2）顶书训练　也就是把书放在头顶上站立，不要使书本掉下，自然地挺直脖子，收紧下巴，挺胸挺腰。

任务二　坐姿训练

要点提示

坐姿指的是人在就座以后身体所保持的一种姿态。坐姿是体态美的主要部分之一。对坐姿的要求是"坐如钟"，即坐相要像钟那样端正稳重。端正优美的坐姿，会给人以文雅稳重、自然大方的美感。

通过本任务的学习，很好地掌握坐姿的标准形态，男女坐姿要求以及坐姿中的禁忌等，训练好自己的坐姿。

一、航空服务人员的标准坐姿

1.坐姿标准

（1）入座时要轻、稳、缓，神态从容。女士一手整理裙装，平稳入座。

（2）入座后，上体自然挺直，头正，表情自然亲切，目光柔和平视，嘴微闭，两肩打开，微微下沉，女士两臂自然弯曲、双手叠放在双膝上（其他场合也可以放在椅子或沙发扶手上，掌心向下），两脚平落地面。

（3）就座时，男性两腿之间可有一拳的距离，掌心向下双手自然放于两腿上；女性两腿并拢无空隙。两腿自然弯曲，两脚平落地面，不宜前伸。

（4）就座时，客舱内要坐满椅子，上体紧靠椅背，系好安全带（腰带和肩带），双手叠放于腿上。目光平视前方，关注客舱动态。其他场合，应坐在椅子的2/3处，不可坐在椅子边上过分前倾。

（5）如果是侧坐，应该上半身与腿同时转向一侧，面部仍是正对正前方，双肩保持平衡。

2.常用坐姿

（1）男士常用坐姿

① 垂直式坐姿　小腿垂直于地面，双腿打开，两腿之间有一拳的距离。双手放置于左右膝盖之上。这种坐姿也是航空服务人员的常用标准坐姿。

图5-12所示为男士垂直式坐姿。

② 交叉式坐姿　小腿前伸，两脚踝部交叉。

图5-13所示为男士交叉式坐姿。

③ 重叠式坐姿　右腿叠在左腿膝盖部位，右小腿内收，贴向左腿，脚尖不可翘起，自然地向下垂。

图5-14所示为男士重叠式坐姿。

图5-12　男士垂直式坐姿　　图5-13　男士交叉式坐姿　　图5-14　男士重叠式坐姿

（2）女士常用坐姿

① 正位式坐姿　小腿垂直于地面，双膝双脚自然并拢，或双膝脚跟并拢，脚尖稍微打开，双手叠放于左右腿上。这种坐姿给人以诚恳、亲和、稳重的印象，显得高贵、典雅、大方，也是航空服务人员的常用标准坐姿。

图5-15所示为女士正位式坐姿。

② 侧位式坐姿　双腿并拢后，双脚同时向右侧或左侧斜放，并与地面形成45°左右的夹角。这种坐姿一般适用于较低的座椅。

图5-16所示为女士侧位式坐姿。

③ 交叉式坐姿　小腿前伸，两脚踝部交叉。

图5-17所示为女士交叉式坐姿。

④ 重叠式坐姿　双腿交叉叠放在一起，小腿紧贴，自上而下不可分开，脚尖不可翘起，自然向下垂。双脚的置放视座椅高矮而定，可以垂放，亦可与地面呈45度角斜放。采用此种坐姿，切勿双手抱膝，穿超短裙者宜慎用。

图5-18为女士重叠式坐姿。

（3）男女乘务人员客舱坐姿

男乘务人员客舱坐姿为垂直式坐姿，女乘务人员客舱为正位式坐姿。

图5-19所示为男、女乘务人员客舱坐姿。

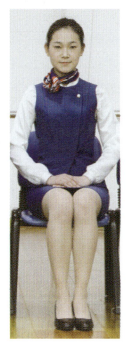  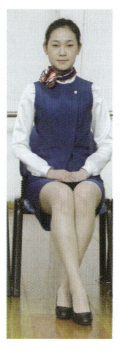

图5-15　女士正位式坐姿　　　图5-16　女士侧位式坐姿　　　图5-17　女士交叉式坐姿

图5-18　女士重叠式坐姿　　　图5-19　男、女乘务人员客舱坐姿

模块五　航空职业形象的仪态要求　085

二、坐姿的要求

1. 坐姿的注意事项

（1）坐时不可前倾后仰或歪歪扭扭。
（2）双腿不可过于叉开、长长地伸出或腿、脚不停抖动。
（3）坐下后不可随意挪动椅子。
（4）不可将大腿并拢，小腿分开，或双手放于臀部下面。
（5）高架"二郎腿"或"4"字形腿。
（6）客舱内就座后，不能有看读物、玩手机、耸肩、仰头、打瞌睡、交头接耳等不符合规范形象的行为举止。
（7）不要猛坐、猛起。
（8）与人谈话时不要用手支着下巴。
（9）坐沙发时不应太靠里面，不能呈后仰状态。
（10）双手不要放在两腿中间。
（11）脚尖不要指向他人。
（12）不要脚跟落地、脚尖离地。
（13）不要双手撑椅。
（14）不要把脚架在椅子或沙发扶手上，或架在茶几上。

2. 坐姿的练习

（1）入座时，走到座位前，从座位的左侧入座，转身后把右脚后退半步，然后轻稳地坐下，再把右脚与左脚并齐，坐在椅上。如果椅子位置不合适，需要挪动椅子的位置，应当先把椅子移至欲就座处，然后入座。女性如果是着裙装，应在坐下之前用手将裙子稍稍整理一下，不要坐下后再拉拽衣裙。
（2）起身时，右脚先向后退半步然后站起，从座位的左侧离开。
（3）在高低不同的椅子、沙发上练习坐姿。
（4）女性可以用一张小纸片夹在双膝间，做到起坐时不掉下。

任务三　行姿训练

要点提示

行姿是站姿的延续，也称为走姿，是人体所呈现出的一种动态姿势。"行如风"即使指走路像风一样轻盈稳健。航空服务人员应具有文雅、端庄的行姿，不仅给人沉着、稳重、冷静的感觉，也能展示自己的气质与修养。

通过本任务的学习，清楚航空服务人员行姿保持的必要性以及男女行姿要求及标准行态，练好行姿的基本功。

一、航空服务人员的标准行姿

1. 行姿标准

（1）头正　两眼平视前方，嘴微闭，收颌梗颈，表情自然，稍带微笑。
（2）肩平　双肩打开，微微下沉。
（3）躯挺　胸部挺起、腹部往里收，腰部正直，臀部向内向上收紧。
（4）步幅适度　根据个人身高、着装和场合的不同，确定自身步幅的大小。
（5）步速平稳　在行走时应保持相对平稳的速度，避免忽快忽慢。

2. 男女行姿要求

（1）男士行姿要求　男士行走时除遵循以上的行姿标准，在行走时两腿要走成两条直线，即所谓的"男走平行线"，同时落步要利落、轻稳、雄健，体现出男性的阳刚之美。男士在行走时双臂下垂，自然摆动。

图5-20所示为男士标准行姿。

（2）女士行姿要求　女士行走时除遵循以上的行姿标准，在行走时两脚要尽量走成一条直线或靠近一条直线，即所谓的"女走一条线"，形成腰部与臀部的摆动，体现出女性的柔性之美。女士在行走时根据情况可以选择双臂下垂，自然摆动或双手四指并拢交叉放于肚脐上。

图5-21所示为女士标准行姿。

图5-20　男士标准行姿

图5-21　女士标准行姿

（3）客舱基本行姿　由于客舱通道的空间限制以及客舱的环境需要，所以要求男女乘务人员的行姿要缓步轻声，优雅有度。客舱乘务人员在客舱通道间的交汇行姿也要按照标准要求执行。这不仅能让乘客们感受得到客舱乘务人员良好的服务素质，也是对乘务人员服务态度及尊重他人心理的一种考验。

图5-22所示为女乘务人员客舱行姿。

图5-23、图5-24所示分别为客舱通道交汇方式（1）和方式（2）。

图5-22　女乘务人员客舱行姿　　图5-23　客舱通道交汇方式（1）　　图5-24　客舱通道交汇方式（2）

二、不同着装下的行姿

1. 着西装时的走姿

航空服务人员穿西装行走时，应当走出穿着者挺拔优雅的风度。穿西装应保持身体后背平整，行走时收腹提臀，双腿绷直，手臂下垂，自然摆动。男士不晃肩、女士不晃髋。

2. 着裙装时的走姿

行走时要平稳，步幅的大小根据裙子做调整。

3. 着旗袍时的走姿

着旗袍装，最重要的是要表现出东方女性温柔、含蓄的柔美风韵以及身材的曲线美。所以穿旗袍时要求身体挺拔，胸微含，下颌微收。塌腰撅臀是着旗袍的大忌。旗袍必须搭配高跟或中跟皮鞋才走得出这款服装的韵味。行走时，走交叉步直线。步幅适中，步子要稳，双手自然摆动，髋部可随着身体重心的转移，稍有摆动，但上身绝不可跟着晃动。总之，穿旗袍应尽力表现出一种柔和、妩媚、含蓄、典雅的东方女性美。

4. 穿高跟鞋的走姿

穿着黑色高跟鞋时，行走要保持身体平衡。具体做法是直膝立腰、收腹收臀、挺胸抬头。为避免膝关节前屈导致臀部向后撅的不雅姿态，行走时一定要把踝关节、膝关节、髋关节挺直，只有这样才能保持挺拔向上的形体。行走时步幅不宜过大，每一步要走实、走稳，这样步态才会有弹性并富有美感。

三、行姿的要求

1.行姿的注意事项

在行走时避免出现的情形有，低头看脚尖、拖脚走、跳着走；走出内八字或外八字；摇头晃脑、晃臂扭腰；左顾右盼，瞻前顾后；行走时与其他人相距过近，与他人发生身体碰撞；行走时尾随于其他人时候，甚至对其窥视围观或指指点点；行走时速度过快或过慢，以至对周围人造成一定的不良影响；边行走，边吃喝；与早已成年的同性行走时勾肩搭背，搂搂抱抱；双手反背于背后；双手插入裤袋。

2.行姿的练习

顶书行走练习　头顶书本进行行走练习，主要是训练整体的平衡性。如果条件允许，可在人行道或是走廊等宽敞地方，顶着书本，沿着地砖的线缝，同时进行步幅训练。

任务四　蹲姿训练

要点提示

蹲姿是人在处于静态时的一种特殊体位。身为航空服务人员如果像普通人一样，对掉在地上的东西随意地弯腰蹲下捡起，或服务中随意地一蹲，这种姿势是非常不雅观的，也不礼貌，应使用优美的蹲姿。

通过本任务的学习，掌握蹲姿的标准要求及基本做法，养成良好的蹲姿习惯。

一、航空服务人员的标准蹲姿

1.蹲姿标准

（1）下蹲拾物时，应自然、得体、大方，不遮遮掩掩。
（2）下蹲时，两腿合力支撑身体，避免滑倒。
（3）下蹲时，应保持脊背挺直，臀部向下。
（4）男士下蹲时，双腿之间可有适当的距离，女士下蹲时，双腿应靠紧。

2.常见蹲姿

标准的蹲姿有四种，分别为高低式蹲姿、交叉式蹲姿、半蹲式蹲姿和半跪式蹲姿。在民航对客舱乘务人员的下蹲规范中，通常提倡高低式蹲姿。

（1）高低式蹲姿　下蹲时左（右）脚在前，右（左）脚稍后，两腿靠紧向下蹲。左（右）脚全脚着地，小腿基本垂直于地面，右（左）脚脚跟提起，脚掌着地。右（左）膝低于左（右）膝，右（左）膝内侧靠于左（右）小腿内侧，形成左（右）膝高右（左）膝低的姿态，臀部向下，基本上以单腿支撑身体。

图5-25所示为女士高低式蹲姿，图5-26所示为男士蹲姿、图5-27所示为女士捡物蹲姿。

图5-25　女士高低式蹲姿　　　图5-26　男士蹲姿　　　图5-27　女士捡物蹲姿

图5-28、图5-29所示为特殊服务蹲姿。

图5-28　特殊服务蹲姿（1）　　　图5-29　特殊服务蹲姿（2）

（2）交叉式蹲姿　下蹲时左（右）脚在前，右（左）脚在后，左（右）小腿垂直于地面，全脚着地。右（左）膝由后面伸向左（右）侧，右（左）脚跟抬起，脚掌着地。两腿靠紧，合力支撑身体。臀部向下，上身稍前倾。此蹲姿常用于女士。

（3）半蹲式蹲姿　身体半立半蹲，在下蹲时，上身稍许弯下，但不宜与下肢构成直角或锐角。臀部向下，双膝略为弯曲，其角度可根据需要可大可小，但一般均应为钝角。身体的重心应放在一条腿上。

（4）半跪式蹲姿　它是一种非正式蹲姿，多用于下蹲时间较长，或为了用力方便之时。它的特征是双腿一蹲一跪，其要求是，下蹲之后，改为一腿单膝着地，臀部坐在脚跟之上，而以其脚尖着地；另外一条腿则应当全脚着地，小腿垂直于地面；双膝应同时向外，双腿应尽力靠拢。

二、蹲姿的要求

1.蹲姿的注意事项

（1）女士无论采用哪种蹲姿，都要将腿靠紧，臀部向下。

（2）在公共场所下蹲，应尽量避开他人的视线，尽可能避免后背或正面对人。

（3）站在所取物品旁边，不要低头、弓背，要膝盖并拢，两腿合力支撑身体，慢慢地把腰部低下去拿。

（4）乘务人员在客舱收取餐盘时，面对餐车后退半步，然后蹲下双手从餐车底部抽餐盘。

（5）客舱内蹲下一手捡取物品时，女乘务人员要巧妙地将手置于两膝之间，显得蹲姿形象文雅、庄重，这也是对乘客的一种礼貌与尊敬。

（6）客舱内为要客、老人、儿童服务时，要使用特殊蹲姿，45度面对乘客，弯腰或下蹲姿势。

2.蹲姿的练习

对镜练习：面对镜子，按照动作要领体会不同的蹲姿，尤其是高低式蹲姿。练习时应着统一制服，女士穿高跟鞋进行练习，以增加训练的实效性。

任务五　端姿训练

要点提示

端姿是指航空服务人员在服务过程中需要用到的端物姿势。例如空乘服务人员在飞机飞行中给乘客提供正常餐饮服务时，还有为乘客送酒水饮料时的端物姿势。航空服务人员在端物时也需要体现出标准、优雅的端姿。

通过本任务的学习，掌握标准的端物方式以及"端"的感觉和姿态。

一、航空服务人员的标准端姿

1.端姿标准

航空乘务人员以标准的工作姿势站立行走，在端托盘时，要遵循以下工作要领：

（1）双手端住托盘，大小臂成90度夹角。

（2）端托盘的后半部，手放在托盘的后1/3处，四指并拢托住托盘的下部，拇指扶在托盘的外沿。

（3）端托盘在客舱中转身时，身转盘不转。

(4)拿空托盘时,竖着拿,盘面朝里,自然垂直在身体的一侧;拇指卡在托盘的盘面,其余四指并拢卡住托盘的盘底。

(5)用大托盘时,每盘不超过15杯饮料;用小托盘时,最多摆两杯。

图5-30所示为手执空盘(扣盘),图5-31所示为标准端姿。

图5-30　手执空盘(扣盘)

图5-31　标准端姿

图5-32所示为收取空杯,图5-33所示为端盘姿势。

图5-32　收取空杯

图5-33　端盘姿势

2.服务流程

(1)整理托盘　把托盘洗净、擦干;放入干净的防滑垫或是专用托盘巾。

(2)装盘　根据乘客所需物品进行摆放,摆放时要均匀稳定,物品之间要有一定的间隔。

(3)起托盘　按端姿要领拿起托盘,尽可能端低一些,靠近自己的身体。

(4)送物品　递送物品时,先里后外,先女士后男士,先长后幼,先身份高者后身份低者。

(5)收物品　收物品的原则是从前往后,先外后里。单独用托盘收空杯子时,托盘对着过道,不可以冲着客人。在征得客人同意收走时,再端起托盘收取。左侧客人的物品右手收,右侧客人的物品左手收。

二、端姿的要求

1. 端姿的注意事项

（1）航空乘务人员在端物品行走时，目光应注视前方，用眼光的余角去关注所端物品。

（2）如果使用大托盘，不能超过15杯，并提供三种以上饮料供客人选择，托盘内要放防滑垫。

（3）摆放物品时，应摆放整齐美观，航徽或标记正面对客人。

2. 端姿的练习

对镜练习：穿着正式的工作服，女式着高跟鞋，在镜子面前练习。

任务六　手势训练

 要点提示

　　手势是指人们在特定的场合中运用手和手臂时所出现的具体动作与体态，不同的手势传递不同的信息。航空服务人员在给乘客服务的过程当中，通过配合恰当的手势动作，可以对口头语言起到加强、解释、说明等辅助作用，以提高乘客接受服务的快速反应能力。

　　通过本任务的学习，掌握航空服务中的手势要领，注意航空服务中的手势禁忌，以保持航空职业形象的完美度。

一、航空服务人员的标准手势

航空服务人员的手势应遵循以下标准。

（1）五指并拢，手心朝上，手掌伸直自然向前延伸，手与水平面呈45度角。

（2）当一侧的手在指示时，另一侧的手五指并拢，自然放于身侧或小腹上，同时身体微微向前倾，以显示对乘客的尊重。

（3）在做手势时，要自然亲切，协调一致，并配合眼神、微笑和其他姿势，使手势显得更协调大方。

二、航空服务中的常用手势

1. 引导手势

引导手势是指为乘客指示方向、方位。客舱乘务人员在给乘客指示方向、座位或行李架位置时都会用到引导手势。根据情景的不同引导手势也有所不同，所表现的意义也不同。

（1）横摆式　五指伸直并拢，手心向上，手与水平面呈45度角。腕关节微屈，腕关节要低于肘关节。动作时，手从腹前抬起，至横膈膜处，然后，以肘关节为轴向右摆动，到身体右侧稍前的地方停住。当乘客走过时再放下手臂。客舱乘务人员一般在向乘客指引方向时用到此手势。

图5-34所示为横摆式引导手势。

（2）斜下式　客舱乘务人员在向乘客指示位置，并请乘客入座，或者提示系好安全带时，用到斜下式。首先一只手曲臂由前抬起，再以肘关节为轴，前臂由上向下摆动，使手臂向下成一斜线，并微笑点头示意乘客。

图5-35所示为斜下式引导手势。

图5-34　横摆式引导手势

图5-35　斜下式引导手势

（3）直臂式　五指并拢，手心向上，手与水平面呈45度角，手臂伸直向外侧横向抬起，指向物品。一般用于客舱乘务人员向乘客作介绍或指示行李架。

图5-36所示为直臂式引导手势。

（4）示意式　客舱乘务人员迎送乘客时，要用到示意式手势。

图5-37所示为示意式手势。

图5-36　直臂式引导手势

图5-37　示意式手势

2. 展示物品的手势

客舱乘务人员在给乘客展示报纸杂志、餐谱或酒水单的服务时，需要用到此手势。此手势的动作要领是乘务人员以工作站姿站好，身体微微前倾，左手手臂稍微弯曲，将报纸杂志、餐谱或酒水单放于小臂内侧，五指并拢，托住报纸杂志、餐谱或酒水单；右手四指并拢放于展示物之下，拇指放于展示物之上。

图5-38所示为物品展示手势。

图5-38　物品展示手势

3. 递接物品的手势

客舱乘务人员在为乘客服务的过程当中，递接物品是常用的一种动作。在递接物品时需双手递接，并且四指并拢放于递接物品之下，拇指放于递接物品之上。当递给他人文字物品时，应正面朝向对方；当递给他人剪刀、或尖锐物品时，尖锐处朝向自己。

图5-39所示为物品递接手势。

4. 上举的手势

客舱乘务人员主要是在客舱内帮助乘客打开、关闭行李架时用到此种手势。服务时应五指并拢掌心朝下，手臂伸直抬起，自然轻柔的关闭行李架。当乘务人员个人身高不够时，可轻微踮起脚尖完成此动作。

图5-40所示为上举手势。

图5-39　物品递接手势

图5-40　上举手势

5. 客舱乘务人员的常用手势

客舱乘务人员在执行客舱的服务任务中，会经常用到各种各样的不同手势。例如，为乘客指示座位号码、指示行李放置、指示系好安全带、为乘客开关行李架，甚至还会为乘客调整座椅靠背等，这些最基本的服务手势及标准操作程式都必须掌握，这样才能做好客舱的各种服务工作。

图5-41所示为指示座位号码，图5-42所示为调整座椅靠背，图5-43所示为指示行李放置。

图5-41　指示座位号码

图5-42　调整座椅靠背

图5-43　指示行李放置

图5-44所示为客舱行李架操作，图5-45所示为引导指示，图5-46所示为提示系好安全带。

图5-44　客舱行李架操作

图5-45　引导指示

图5-46　提示系好安全带

三、手势的要求

（1）注意区域性差异　在不同国家、不同地区、不同民族，由于文化习俗的不同，手势的含意也有很多差别，甚至同一手势表达的含义也不相同。所以，手势的运用要规范。

（2）手势宜少不宜多　多余的手势，会给人留下装腔作势、缺乏涵养的感觉。

（3）手势动作不宜过大　在使用手势时切忌动作过大，出现手舞足蹈的现象。

（4）不应出现的手势　在交际活动时，有些手势会让人反感，严重影响形象。例如，当众搔头皮、掏耳朵、抠鼻子、咬指甲、手指在桌上乱写乱画等。

任务七　面部表情训练

要点提示

面部表情是人们内心喜怒哀乐的信号传达，面部是内心活动的晴雨表，所以在航空服务中要注意面部的表情。例如，微笑就是一种令人感觉愉快的面部表情，它可以缩短人与人之间的心理距离，为深入沟通与交往创造温馨和谐的气氛。微笑服务是航空服务人员的常态表情。

通过本任务的学习，深刻地体会到微笑服务的航空服务理念，练习好微笑；还有运用好目光关注，并注意面部表情中的一些禁忌。

一、自然的微笑

1. 微笑的重要性

（1）微笑有助于表现航空服务人员的良好心态。面露平和欢愉的微笑，是一种内心愉快、充实满足，乐观向上、善待人生的信号，这样的人才会产生吸引别人的魅力。

（2）微笑有助于表现服务人员真诚友善的态度。微笑反映自己的心底坦荡，善良友好，待人真心实意，而非虚情假意，使人在与其交往中自然轻松，不知不觉地缩短了心理距离。当客舱乘务人员面带着温暖地微笑进行服务时，可以使乘客产生信任感，容易被乘客所接受。

（3）微笑有助于表现航空服务人员的乐业敬业态度。在岗位上保持适度地微笑，更能说明热爱本职工作，恪尽职守。

总之，微笑是航空服务中的润滑剂，真诚地微笑是发自内心的，表里如一的。笑容是所有身体的语言中最直接的一种，是极佳的面部表情，应好好利用。将完美的微笑留给乘飞机的每一位乘客。

2. 微笑的要求

（1）发自内心　微笑是一种愉快心情的反映，也是一种礼貌和涵养的表现。发自内心的情感流露才能真正赢得乘客的心。

（2）主动微笑　例如，客舱乘务人员在与乘客目光接触的同时或开口说话之前，首先要献上一个微笑，创造一个友好热情的气氛和情境，肯定会赢得对方满意的回报。在对乘客微笑时，其口角的启动与收拢都必须做到自然，切忌突然用力启动和突然收拢，好像是在故意地做表演给谁看。

（3）眼中含笑　心理学家发现，最有魅力的微笑，不是咧开嘴，露出八颗牙就行，而是连眼睛都放出愉悦光彩的那种迷人的笑。因此客舱乘务人员在对乘客微笑应做到眼角微微上提，眉头舒展，也就是我们所说的眉开眼笑。

（4）一视同仁　乘坐飞机的乘客千差万别，由于各种原因，选择的飞机舱位也有所不同，客舱乘务人员在对待乘客时不能以貌取人，对乘坐不同舱位的乘客服务态度都要一致、到位，不能分别对待。

案例链接

传递微笑经验

微微是航空专业一名二年级学生，第一眼看到她，并没有让人惊艳的美丽，但是与她聊天就能开心无比，一种暖意融入心中。怪不得她能过关斩将，最终被航空公司录用，成为一名空姐。她直言："当初我们那一组面试人中，我并不是最漂亮的。"

"接到录用通知后，班主任老师对她说，是她笑容里的真诚打动了考官。真的，微笑太重要了。"是的，此刻从微微微笑着的眼睛里已经深深地感觉到了无限的愉快，让我们知道了微笑中看不到心的距离。

顺着微微的娓娓道来，我们了解到，她把微笑看作发自内心的爱，比作人际交往中的润滑剂。时时处处展现出微笑的甜美动人、自然大方与真情友善。也是真诚地微笑帮助她在面试中充满自信，直至成功。

总结自己的微笑"经验"，微微认为有四大优点：

（1）表现心情良好　面露平和自然的微笑，展示出心理的愉悦，充实满足，积极乐观，这样的人会更有魅力。

（2）充满自信　面带微笑，表明对自己的能力有充分的信心，以不卑不亢的态度与人交往，使人产生信任感，容易被人接受。

（3）表现真诚友善　微笑反映自己的心底坦荡，待人真诚，没有虚情假意，容易与人交往。

（4）表现乐业敬业　主考官会认为保持微笑说明热爱本职工作，尽职尽责。微笑能够创造和谐融洽的气氛，让服务对象倍感愉快和温馨。

案例点评

微笑是发自内心的最真诚表达，笑容是最美的身体语言，微微的成功来自她对航空服务人员奉献出的微笑经验里。只有内心充满自信、乐观有度、热爱航空事业，微笑就可以打动所有的人。

3. 微笑的练习

自然真诚、甜美适度地微笑可以在日常练习中获得。在微笑训练过程当中，必须做到口、鼻、眼、眉、肌的有机结合，才能真笑。

（1）对镜微笑训练法　这是一种常见、有效和最具形象趣味的训练方法。对着镜子，开始微笑，如此反复多次。

（2）情绪诱导法　情绪诱导是设法寻求外界的诱导、刺激，以求引起情绪的愉悦和兴奋,从而唤起微笑的方法。例如,可以回忆过去美好的事情、听轻松的音乐、听搞笑的相声等。

(3)含箸法　选择一根干净的圆柱形筷子横放在嘴中,用牙齿轻轻咬住,以观察微笑状态。但此法不易显示与观察双唇轻闭时的微笑状态。

(4)当众练习法　在众人面前讲话,要注意自己的笑容,并请同伴给予评议,帮助矫正。

二、温柔的目光

目光比语言更具有表现力和感染力,它的作用是语言无法替代的。航空服务人员在为乘客服务时,应用一种诚实、礼貌、自信的眼神来注视对方,观察对方的表情和举止,并用眼神与对方交换意见,交流感情。航空服务人员在与乘客进行眼神交流时,应注意以下几个方面。

(1)把握注视的部位　航空服务人员在与乘客沟通、交流时,要将目光转向交谈人,以示自己在倾听,这时应将目光放于乘客的双眼上线和嘴唇构成的三角区域,这可以反映出航空服务人员随和、亲切的心态,能营造出一种让人感到轻松自然的氛围。

(2)把握注视的时间　航空服务人员在注视乘客时,切忌死盯对方眼睛或脸上的某个部位,因为这样会使对方难受与不安。一般在注视乘客时,注视时间为1～3秒为佳。

(3)把握注视的角度　注视的角度有斜视、仰视、平视、俯视。斜视表示轻视、怀疑之意;仰视表示尊敬、敬畏之意;平视表示平等交往之意;俯视表示长辈对晚辈的宽容,也可表示轻视、歧视之意。航空服务人员在和乘客眼光交流时应平视。

图5-47所示为新加坡航空公司(简称新航)乘务人员的面部表情。

图5-47　新航乘务人员的面部表情

(图片来源:新航官网)

三、面部表情中的要求

很多人认为,表情是一种主动的有意识行为,可以在交流过程中辅助自己的言语来表达思想和情绪。其实,表情除了能够在理智的控制下由面部肌肉"故意"做出来之外,还有很多情境下,是不经过思考而自然形成的本能反应。

表情,直译为表达情绪。在遭遇到负面刺激的时候,情绪往往会第一时间统治和掌控人的动作反应。因此,在航空服务过程中,工作人员需要调动更多的理智来对自己的负面情绪反应进行必要的掩饰和掌控,尽量避免在不恰当的时机流露出心中的负面情绪,而是通过表情突出自己想要表达的意思。

工作环境中比较容易出现负面类的各种情绪，特别是乘务人员每天都要面对不同的乘客，工作压力和工作强度都非常大，有时难免产生厌烦的情绪，所以应该学会理智地克制与控制好自己，避免这种不良的情绪在面部表情中呈现出来，弄不好还会传递给乘客，影响良好的服务秩序。

? 思考与练习

1. 为什么航空服务人员必须具体良好的仪态？
2. 如何保持好航空服务中的标准仪态？
3. 航空职业形象中的仪态有哪些具体的内容？
4. 谈谈手姿在航空服务中的作用及重要性。
5. 航空服务中微笑的重要性表现在哪里？
6. 做好站姿、坐姿、行姿、蹲姿、端姿、微笑等仪态练习（要求穿着正式的航空制服，女士着高跟鞋，妆容与发型遵照航空服务人员的标准要求）。

（本模块中图5-1～图5-28、图5-30、图5-31及图5-34～图5-46由南昌理工学院提供；图5-29、图5-32、图5-33由信阳职业技术学院提供）

模块六

航空职业形象的体态要求

学习目标

1. 了解体态保持的意义及作用。
2. 掌握住体态保持的基本方法。
3. 加强体态训练及保持标准的体态姿势。

学习任务

  体态含意：航空服务人员的体态是指航空服务人员所展现的身体姿态之美，它是包括姿态和体型在内的体态形象之和。

  身体比例：要想使自己的体态在先天和遗传的基础上更加优美，就必须首先了解身体各个部分的比例关系，针对自身的不足，通过合理营养和经常从事科学的形体训练，才能使自己的身高与体重相称。

  体态要求：通过形体训练，使得身体各部分的比例合度，身姿体态更加匀称、丰满、柔韧和强健。这样才可以达到及符合航空公司对职业形象中的标准体态要求，适应航空工作岗位的对外交往需要。

  通过本模块的学习，理解标准体态保持的具体意义及作用，全面地掌握住标准体态训练的有效方法，加强平时的体态练习。

任务一　关注体态

 **要点提示**

  人的体态可谓之千姿百态，但并非人人都称得上体态美。"爱美之心人皆有之"，人人

> 都是爱美的，特别是航空乘务人员，由于自身职业和所处环境的使然，爱美之心会更胜他人一等。
>
> 通过本任务的学习，能够积极主动地关注到标准体态要求及自身的体态美。

一、体态关注的意义及作用

1. 体态关注的意义

（1）优美的体态有助于增加航空人员的自信　爱美是人的天性。现代社会三位一体的新标准：信念、体型、气质。乘客对于航空服务人员，尤其是客舱乘务人员的第一印象是比较直观的，主要是通过外在的身体元素来认识和分辨他们，其中一项非常重要的元素就是体态。航空服务人员健康优美的体态，可以得到乘客的肯定，增强工作的自信心。

（2）优美的体态有助于塑造航空公司的整体形象　安全、快捷、舒适是航空运输的最大特点，而其中的地面服务及客舱乘务工作是实现这一特点的重要组成部分，同时也是航空运输中直接面对乘客的窗口。特别是乘务人员的仪表形象不仅仅代表自身和航空公司，还代表着整个民航和国家的尊严。因此对航空服务人员来说，塑造并保持良好的形体是非常有必要的。

（3）优美的体态有助于提高航空公司的经济利益和社会效益　航空公司在招收服务人员时非常注重外貌，很多航空公司还把拥有美丽的乘务人员作为对外宣传的重点，使之成为航空公司形象的代言人，这样可以吸引乘客乘坐航班出行，为本公司带来经济利益的同时，也创造着社会效益。

2. 体态关注的作用

（1）塑造航空服务人员良好的个人形象　长相、皮肤和身材除了天生形成以外，还需要后天的塑造。航空服务人员，特别是客舱乘务人员在人们心目当中，应该是以面目姣好、皮肤白皙、体形修长的形象出现，这代表大多数人在视觉感官上的追求。通过形体塑造，可以提升航空服务人员的形象。

（2）增进身体的健康　当人们对空乘人员优美的体态产生心理羡慕时，要知道他们的体态美，是通过适时的形体锻炼和良好的饮食习惯而达到体态的保持。形体训练是以身体练习为基础手段，匀称和谐地增强体质、促进人体形体更加健美的一种体育运动。它是通过基本动作练习和强度不同的成套动作练习，对身体各关节、韧带、各主要肌群和内脏器官施加合理的运动负荷，对心血管功能、柔韧性、协调性、力量及耐力素质，对有效地改变体重、体脂等身体成分都有十分显著的作用。

（3）增进心理的健康　在形体训练中，随着音乐的旋律，在各种动作的协调配合下，可以进入美的意境中，能增强动作的表现力，转移紧张情绪。因此，在快乐的形体训练中，使人产生良好的心理状态，并可培养乐观向上、果断自信、坚忍不拔的良好心理品质。克服害羞、胆怯心理，提高自我表现力和展示能力，提高鉴赏美的能力。因此，形体训练也可适当提高与加强航空服务人员的综合素质。

二、体态的基本要求

1. 体态美的衡量标准

（1）健康　是指身体发育良好、功能正常、精力充沛、体格强健。体态美应该是一种天然健康的美，只有健康美才是美的首要条件。所以说乘务人员的体态美首先是建立在健康的基础之上，不健康的美不会长久，也不可能是真正的美。一个人的身材、容貌与先天因素的遗传和后天因素的营养、锻炼以及健康状态密切相关。体态美还源于科学合理的营养和锻炼，这是健康美持久的重要因素。体态美的塑造，不仅要塑造形态美，更应加强姿态的美化和气质的培养。

（2）匀称　匀称顾名思义就是身体各部位结构的比例关系，即身体的上、下肢及躯干等各部位结构的比例关系。从人的自然形体来看，男性美同女性美有着全然不同的要求。中国历来有"阳刚阴柔"之说，这表现在男女体质特征上也是如此。女性讲究的是阴柔之美，即苗条纤细、秀丽的阴柔美，要求细腰丰臀、秀发圆肩、胸部饱满，其全身轮廓大体呈S形。而男性着重的是雄健、魁伟、粗犷的阳刚美，最好是虎背熊腰、宽肩窄臀、浓眉大眼、肌肉强健，其全身轮廓大体呈V形。

（3）弹性　弹性是指肌肉的弹性。它要求乘务人员有布局合理、均匀分布的肌肉，男性要求刚劲坚硬，女性要曲线、圆润。

（4）气质　气质是一种内外结合之美。它既包括健康的身体、优美的形体、富有弹性的肌肉、光洁无瑕的肌肤、挺拔优美的姿态，也包含着一个人的文化修养、知识水平、言谈举止、精神风貌等，是社会因素和自然因素的一种综合的高层次的评价，也是形体训练追求的最终目标。只有达到了这一点，体态美才得到最充分的展示，即气质美是体态美的最终要求。

2. 局部体态美的标准

整体的体态美由身体每一局部的形态美组成，而对于女性来说，决定其体态美程度的关键是腰、腹、臀及腿等身体局部的形态。

（1）腰部　腰部是曲线美的核心，是身体线条美中最富于变化的部位，该部位的形态美主要体现在两侧曲线的圆润以及上起胸部下接臀部曲线的柔和变化上。女性的腰应比例恰当、粗细适中、圆润、柔韧灵活，能体现一种活泼的青春之美。男性的腰应粗壮结实，有棱角分明的腰肌，体现男性特有的刚毅力觉。

（2）腹部　美的腹部应有优美的对比曲线，腹部平坦或微凸，从侧面看，腹部是微凸的曲线，它使整个躯干曲线柔和，圆润优美。腹部柔软而有弹性，皮肤无色素沉着、无脂肪堆积及松弛下垂现象。

（3）臀部　臀是腰与腿的结合部。它的骨架是由两个髋骨和骶骨组成的骨盆，外面附着肥厚宽大的臀大肌、铃中肌和臀小肌。男女性别不同，臀的形态也不同，表现为女性臀部形态圆润，脂肪丰厚，盆骨宽大。男性的臀外形像倒立的蝴蝶，棱角突出，两个臀窝很明显，肌肉结实鼓胀，弹性很好，骨盆偏小。臀部形态应圆润，脂肪肌肉丰腴，富有弹性，曲线柔和流畅，臀部大小与腰围粗细比例恰当。

（4）腿部　男性的腿以健壮、结实、棱角分明、肌肉显著为美。大腿应呈圆柱形，小腿以腿肚壮圆有力为好。女性的腿应该白皙丰满、细腻而富有弹性，小腿肚应浑圆适度，脚跟应结实，踝部应细而圆。

任务二　体态训练与体态保持

> **要点提示**
>
> 体态美的形成需要锻炼，特别是身体局部的锻炼。如头、颈、胸、腰、臀、腿等部位，这些锻炼有利于呼吸功能的提高和血液循环的加速，加强各关节的柔韧度，使胸、背、脊椎得到充分的伸展，各部位肌肉发达，线条清晰，关节灵活舒展，从而塑造空乘人员优美的形体。同时，身体局部训练还可以预防和矫正各部位的不良发展，形成健康良好的体型及姿态。
>
> 通过本任务的学习，观摩相关图示，很好地理解与掌握在日常课程训练中，头颈部练习、肩部练习、胸腹部练习、腰背部练习、腿臀部练习的基本做法及技巧环节以及与平时的体育锻炼、餐食营养等相结合的形体的具体保持要领。

一、基本训练

1. 头颈部练习

头颈部运动能促进头部血液的循环，改变颈椎僵直和头颈前倾或歪头的毛病，使颈部肌肉发达，增强其柔韧性。

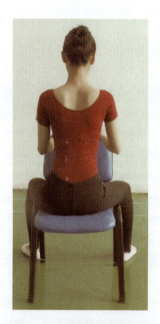

图 6-1　头颈部练习动作一

（1）平反坐于椅子上，背部挺直，双手交叉扶住椅背，目视前方，调整呼吸。

图 6-1 所示为头颈部练习动作一。

（2）缓慢低头，至自己所能承受的极限，找到呼吸最畅通的点，在这个点上，保持自然呼吸 3~5 分钟，然后抬头回直立的姿势。

图 6-2、图 6-3 所示为头颈部练习动作二和练习动作三。

（3）缓慢抬头，至自己所能承受的极限，找到呼吸最畅通的点，在这个点上，保持自然呼吸 3~5 分钟，然后回直立的姿势。

图 6-4、图 6-5 所示为头颈部练习动作四和练习动作五。

（4）缓慢向右，至自己所能承受的极限，找到呼吸最畅通的点，在这个点上，保持自然呼吸 3~5 分钟，然后回正。

（5）缓慢向左，至自己所能承受的极限，找到呼吸最畅通的点，在这个点上，保持自然呼吸 3~5 分钟，然后回正。

图 6-6、图 6-7 所示为头颈部练习动作六和练习动作七。

图6-2　头颈部练习动作二　　　图6-3　头颈部练习动作三　　　图6-4　头颈部练习动作四

 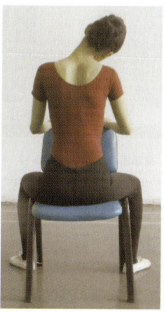 

图6-5　头颈部练习动作五　　　图6-6　头颈部练习动作六　　　图6-7　头颈部练习动作七

2. 肩部练习

肩部练习能改善肩部僵硬，矫正耸肩、高低肩等缺陷，使肩部线条清晰优美。

（1）镜前站立，眼睛平视前方，双肩自然下垂，调整呼吸。

（2）双肩同时缓慢向上耸起，至自己所能承受的极限，保持姿势3～5秒，缓慢放下回正，重复5～10次。

图6-8、图6-9所示为肩部练习动作一和练习动作二。

（3）右肩缓慢由前往后旋转，然后由后往前旋转回来，尽自己最大的力度，重复5～10次。

（4）左肩缓慢由前往后旋转，然后由后往前旋转回来，尽自己最大的力度，重复5～10次。

图6-10、图6-11所示为肩部练习动作三和练习动作四。

图6-8　肩部练习动作一　　　图6-9　肩部练习动作二　　　图6-10　肩部练习动作三　　　图6-11　肩部练习动作四

3.胸腹部练习

胸腹部练习可以促进胸部血液循环，改善胸部外扩和下垂等现象，练习腹部力量，使腹部肌肉更结实，从而达到女性特有的曲线美。

（1）平坐于椅子上，背部挺直，目视前方，双腿并拢，双手肘在胸前弯曲成90度，然后双肩双手合拢，尽自己最大能力坚持。

图6-12所示为胸腹部练习动作一。

（2）平坐于椅子上，背部挺直，目视前方，双腿并拢，手指交叉头顶伸直，转动手掌，掌心对天花板，整个上半身缓慢向右侧伸展，至自己所能承受的极限，保持自然呼吸3～5秒，缓慢回正。同样动作往左边重复。

（3）平坐于椅子上，背部挺直，双脚并拢，脚跟提起，上半身向右侧扭转，尽量用右手抓住椅背，左手放在椅子右侧边缘，保持自然呼吸3～5秒。同样动作往左边重复。

图6-13、图6-14所示为胸腹部练习动作二和练习动作三。

图6-12　胸腹部练习动作一　　图6-13　胸腹部练习动作二　　图6-14　胸腹部练习动作三

4. 腰背部练习

腰背部练习可以增强背部力量，改善背部肌肉松弛无力，抠胸驼背等不良的身体姿势，使身体更挺拔更健美。

（1）椅子后背站立，两腿自然打开与肩同宽，两臂伸直上举，后躯干前屈，双手扶住椅背，胸部向下用力压，至自己所承受极限，保持自然呼吸3～5秒。也可同伴帮助其向下沉压。

图6-15所示为腰背部练习动作一。

图6-15　腰背部练习动作一

（2）仰卧在地板上，双手十指交叉紧握，放于背后，头和上肢缓慢抬起，至自己所能承受的极限，保持自然呼吸3～5秒，缓慢回到俯卧，重复动作5～10次。

图6-16所示为腰背部练习动作二。

图6-16　腰背部练习动作二

（3）面向墙面，双腿自然打开与肩痛宽，双手上举，手扶墙面，腹部下榻，头向后仰起，将胸部贴到墙面上，至自己所能承受的极限，保持自然呼吸3～5秒，重复动作5～10次。

5.腿臀部练习

腿臀部练习可以改善由于缺乏锻炼而引起的大腿过粗，臀部下垂，同时可以矫正X或O形腿等不良腿型，使腿部臀部肌肉更结实，线条更清晰，曲线更优美。

（1）侧身站于椅子背后，右腿放在椅背上，双腿膝盖尽量伸直外开，右手扶住椅背，上肢缓慢往右腿上压，至自己所能承受的极限，保持自然呼吸3～5秒，慢慢还原，重复动作5～10次。左腿重复此动作。

（2）面向椅背站立，右腿放在椅背上，腰背挺直，两腿膝盖尽量伸直外开，双肩伸直至头顶上方，上肢缓慢往右腿上压，至自己所承受能力极限，保持自然呼吸3～5秒，慢慢还原，重复动作5～10次。左腿动作重复。

图6-17、图6-18所示为腿臀部练习动作一和练习动作二。

图6-17　腿臀部练习动作一　　　　图6-18　腿臀部练习动作二

（3）跪立地板上，双手掌撑于地面，右腿伸直点地，缓慢向上抬起，尽量抬头挺胸，至自己所承受能力极限，保持自然呼吸3～5秒，慢慢放下，重复动作5～10次。左腿动作重复。

（4）站于椅背后，双脚尖尽量朝外，双手扶住椅背，上身保持直立，慢慢往下蹲，膝盖尽量朝外，至自己所承受能力极限，保持自然呼吸3～5秒，慢慢放下，重复动作5～10次。

图6-19、图6-20所示为腿臀部练习动作三和练习动作四。

图6-19　腿臀部练习动作三

图6-20　腿臀部练习动作四

二、体育锻炼

1.体育锻炼的基本原则

（1）自觉积极性的原则　在航空服务工作中，可以说乘务工作是个高强度的工作，拥有一个强健的体魄是完成航班客舱服务工作的首要任务。作为一个合格的客舱乘务人员，有健康的身体才能保持良好的精神状态、体态优美，进行适当地身体锻炼必不可少。

自觉积极性的原则指体育锻炼者有明确的健身目标，充分认识体育锻炼的价值，自觉积极地从事体育锻炼活动。体育锻炼是一个自我锻炼、自我完善，并需要克服自身的惰性、战胜各种困难的过程。同时，还要有一定的作息制度作保证，把体育锻炼当作生活中不可缺少的一部分才能奏效。明确"生命在于运动"的科学道理，树立正确的锻炼目的，把体育锻炼当作是日常学习、工作和生活的自觉需要，激发锻炼的主动性，从而调动锻炼的积极性。应努力培养兴趣，兴趣是人们认识事物和从事活动的倾向。当一个人对一项体育活动产生兴趣时，就会对这项体育活动表现出极大的主动性和自觉性，做到身心融为一体。

（2）因人而异的原则　每个人的体型情况是不近相同的，航空乘务人员在锻炼之前应对自身的身体情况进行检查与评定，了解自己身体的优缺点，根据自身的身体情况制定出合理的训练计划。重点在于，首先应知道自身的身高体重、三围等情况，找出形体差距，确定需要锻炼的内容。

（3）循序渐进的原则　循序渐进的原则是指体育锻炼应结合个人的身体状态、休息时间等因素，在锻炼的内容、方法、运动负荷等方面有针对性地逐步提高，制定由易到难，由简单到复杂的计划过程。因为人体对外界环境变化是个缓慢适应的过程，只有遵循这个规律，才能取到良好的锻炼结果。否则，非但不能增强个人体质，还可能有害自身的健康。

（4）持之以恒的原则　持之以恒原则是指体育锻炼必须经常性的进行，使之成为日常生活中的重要内容。体育锻炼对机体给予刺激，每次刺激都产生一定的作用痕迹，连续不断地刺激作用则产生痕迹的积累。这种积累使机体结构和机能产生新的适应，体质就会不断增强，动作技能形成的条件反射也会不断得到强化。因此，体育锻炼贵在坚持，不能设想在短时间内取得显著效果，必须得长久的积累。要做到持之以恒，首先根据个人能力所及，确立一个能够实现的体育锻炼目标（不宜太高），制订一个切实可行的锻炼计划（能长期坚持）。其次强化锻炼意识，把体育锻炼列为日常生活内容，定期保证有一定的体育锻炼时间，逐步养成习惯，使体育锻炼成为生活的重要组成部分。最后体育锻炼的效果并非一劳永逸，如果锻炼间隔时间过长，效果就会不明显。因此，每次锻炼要坚持安排合理的锻炼间隔。

（5）动作与呼吸协调配合的原则　体育锻炼讲究动作与呼吸的一致性，呼吸是让身体进入一种平衡的状态。所以锻炼身体也要讲究科学性，千万不可我行我素，这样达不到理想的锻炼效果。

2. 日常体育锻炼

对于客舱乘务人员来说，由于平时工作比较繁忙，休息时间有限，不太可能总在健身房中进行锻炼，在日常生活中可以选择有利的地形因地制宜地进行锻炼。例如，在宿舍楼、家中或是小区外面进行。

（1）倒走　倒走又称倒行、倒退走、退步走。同正走相反，倒走是一种反序运动，这是一种很好的锻炼方式，具有其他运动所不具备的特殊功能。乘务人员由于工作的需要，必须站立工作，特别是女性乘务人员需要穿着中跟鞋站立，长期的站立势必导致躯干的弯曲，并且容易患上慢性腰痛或腰椎间盘突出的疾病。通过倒走这一简单的锻炼，可以塑造形体，同时可以预防并治疗慢性腰痛或腰椎间盘突出等疾病。提示：倒走时要注意选择封闭的空旷平坦的场地，最好两人结伴练习。

（2）慢跑　慢跑是指轻松步调的跑步。慢跑选择平坦的路面，不要穿皮鞋或塑料底鞋，如果在柏油或水泥路面上，最好穿厚底胶鞋。跑前应先走一段，做做深呼吸，活动一下关节。如在公路上，应注意安全，尽量选择人行道。如果在慢跑后感到食欲不振，疲乏倦怠，头晕心慌，就可能是运动量过大了，必须加以调整。

（3）跳绳　跳绳是一种非常有效的有氧运动。它除了拥有运动的一般益处外，更有很多独特的优点。跳绳每半小时消耗热量四百卡，是一项健美运动，对心肺系统等各种脏器、协调性、姿态、减肥等都有相当大地帮助，亦是一项老少皆宜的运动。跳绳可以在宿舍内或是家中进行，不受场地的约束。

（4）仰卧起坐或俯卧撑　仰卧起坐是体能锻炼的一个重要环节，主要作用是增强腹部肌肉的力量，再加上不受场地环境影响的优点，是适合社会大众的简易运动方式。仰卧起坐既可增进腹部肌肉的弹性，亦可以收到保护背部和改善体态的效果。俯卧撑是常见的健身运动，主要锻炼上肢、腰部及腹部的肌肉，尤其是胸肌。俯卧撑简单也不受场地环境的影响。

三、饮食保养

客舱乘务人员由于其特殊的工作环境,生活不规律,容易产生疲劳感,因此要特别注意营养的摄入。合理的饮食营养,对乘务人员的身体健康、体态的保持有着重要的意义。乘务人员在工作时有专门的配餐,因个人身体的差异,在生活和工作当中,根据自身的身体状况选择适合自己的饮食保养。

饮食选择时应注意以下几点。

(1)食物丰富,谷类为主,粗细搭配　人类的食物是丰富多样的,不同的食物所含的营养成分并不完全相同,每种食物都至少可提供一种营养物质。平衡饮食必须由多种食物组成,才能满足人体的各种营养需求,达到合理营养、促进健康的目的。

(2)多摄入薯类及蔬菜水果　薯类含有丰富的淀粉、膳食纤维以及多种维生素和矿物质。新鲜的蔬菜水果是人类平衡膳食的重要组成部分。蔬菜水果能量低,是维生素、矿物质、膳食纤维和植物化学物质的重要来源。富含蔬菜、水果和薯类的膳食对保持身体健康,保持肠道的正常功能,提高免疫力,降低患肥胖、糖尿病、高血压等慢性疾病风险等具有重要作用。

(3)每天需要多吃奶类制品与豆制品　奶类食品的营养成分齐全,膳食比例适中,容易消化吸收。奶类除了含有丰富的优质蛋白质和维生素外,含钙量也较高,且利用率很高,是膳食钙质的优质来源。豆类富含蛋白质,其蛋白质的氨基酸组成与动物性蛋白质近似,是优质蛋白质,而且还富含植物油脂,尤其是不饱和脂肪酸含量较高,同时也含有较丰富的B族维生素,其营养成分易于消化、吸收。

(4)吃适量的鱼类、禽类、蛋类与精瘦肉　鱼、禽、蛋和瘦肉都属于动物性食物,是人类需要的高品质蛋白质、脂类、脂溶性维生素、B族维生素和矿物质的重要来源,是均衡饮食的重要组成部分。瘦肉铁含量高且利用率好;鱼类脂肪含量一般较低,且含有较多的多不饱和脂肪酸;禽类脂肪含量也较低,且不饱和脂肪酸含量较高;蛋类含有丰富的优质蛋白质,各种营养成分比较齐全,是很经济的优质蛋白质来源。

(5)减少烹调油用量,多吃清淡的少盐膳食　脂肪是人体能量的重要来源之一,并可提供必需脂肪酸,有利于脂溶性维生素的消化吸收,但是脂肪摄入过多是引起肥胖、高血脂、动脉粥样硬化等多种慢性疾病的危险因素之一。过多的膳食盐摄入量会导致高血压患病率的上升。所以,饮食不要太油腻,不要太咸,也不能吃较多动物性食物和油炸、烟熏、腌制的食物。

(6)三餐分配要合理　乘务人员在日常生活中应当合理安排一日三餐的时间及食量,做到进餐定时定量。一定要天天吃早餐并保证其营养充足,早餐是三餐中最重要的一餐。午餐要吃好,晚餐要适量。不可暴饮暴食,并营造轻松愉快的就餐氛围。

(7)每天应足量饮水　水是膳食的重要组成部分,是一切生命必需的物质,在生命活动中发挥着重要功能。体内水的来源有饮水、食物中含的水和体内代谢产生的水。进入体内的水和排出来的水基本相等,处于动态平衡,不足或过量饮水会危害人体健康。饮水应少量多次,要主动饮水,不要感到口渴时再喝水。

飞行员超重被检查

据美国媒体报道，美国联邦航空管理局十分担忧飞行员体重超标的问题。原因是飞行员过胖很容易引发阻塞性睡眠呼吸暂停，而这种紊乱症状对患者睡眠产生一定的负面影响，导致不同程度的失眠，这样会使人在没有预警的情况下，不论白天或是黑夜都有可能会睡着，因而让FAA产生过分的恐惧心理。

为此美国联邦航空管理局人员表示，对身体过胖的飞行员和航管员要进行必要的全面检查，以证实他们现在的身体状态是否会引发上述症状，并影响到他们的工作表现。

美国联邦航空管理局还提出，对身体质量指数（body mass index，体重除以身高）高于40的飞行员，必须经由睡眠专家进行专业地科目检查。

美国联邦航空管理局航空医生提尔顿（Fred Tilton）说："任何患有阻塞性睡眠呼吸暂停的人在获得医疗认证前必须治疗。"他还坦言，今后也将对体质指数在30左右的低体质指数飞行员进行身体检查。

美国联邦航空管理局的这些做法，旨针对体重超标的民航飞机飞行员而提出的特别要求，是为了能够确保他们真正安全地驾驶航班。

四、日常护理

1. 合理睡眠

充足的睡眠是人体生命活动所不可缺少的，也是解除疲劳、恢复体力和精力所必需的。例如，客舱乘务人员工作时紧张程度高、舱内环境密闭，在飞行中经常遇到缺氧、低气压、噪声和振动等的复合作用，更容易感觉疲劳，因此更需要通过休息缓解疲劳。大多数人对于睡眠都有认识上的误区，认为多睡有益健康，有机会就赖在床上不起来，使睡眠时间大大超过需要，这是一种不良习惯。据研究，长此以往，将损害身心健康。

人的生活规律与体内激素分泌是密切相关的，生活及作息有规律的人，下丘及脑垂体分泌的许多激素，早晨至傍晚相对较高，而夜晚至黎明相对较低。

如果贪睡，就可能扰乱体内生物钟的时序，使激素水平出现异常波动，影响体内激素分泌的平衡，反而对身体健康不利。这还会导致机体抵抗力下降，容易感染病原体，诱发多种疾病，所以空乘人员在休息日也要注意睡眠时间的均衡，保持良好的生活规律。

2. 保持良好的心理素质

良好心理素质的养成包括良好的人格品质、科学的生活方式和自我的心理调节能力等。首先，就应该正确地认识自我，培养悦纳自我的态度，扬长避短，不断完善自我。其次，应该提高对挫折的承受能力，对挫折有正确的认识，在挫折前不惊慌失措，采取理智的应付方法，化消极因素为积极因素。挫折承受能力的高低与个人思想境界，对挫折的主观判断，挫折体验有着密切地关系。提高挫折承受能力应努力提高自身思想境界，树立科学的人生观，积极参加各类实践活动，丰富人生经验，开阔内心觉悟。

加强自我心理调节。自我调节对促进心理健康的核心做法包括调整认识结构，情绪状态，锻炼意志品质，改善适应能力等。社会形态在发生着复杂而深刻的变化，特别是对于航空服务人员而言，每天都要面对来自工作当中的大小挫折。例如，与同事的相处、与各种各样的乘客之间的相处等。如果不懂得及时地进行自我心理调节，等到某些问题日积月累就可能成为心理障碍而影响工作和生活。航空服务人员还应学会自我调节，保持同现实的良好对接，进行自我疏通，充分发挥主观能动性，去创造环境，努力实现自己的工作目标。

五、克服不良习惯

良好的体态是需要在生活当中进行保持的，一些不良习惯会影响形体美的塑造，克服不良习惯有助于身型的保持，一些不良习惯如下。

（1）俯卧睡眠　俯卧时，面部伏在枕头上，使面部受压，影响面部血液循环，易使面部水肿，面色难看。

（2）进食太快　进食速度太快会影响消化，容易导致肥胖，不利于形体的保持。大脑中枢中有控制含量的饱食中枢和饥饿中枢，这些信号，可以传递给大脑是否吃饱的信息。如果进食速度太快，并且吃东西的速度快过饱食信号的传输速度，那么即使已经吃饱，但是大脑没能及时收到饱食信号，因此就会在原本吃饱的状态下，又继续吃了不少食物。长期的过度摄食，就会使热量摄入过多，导致身体的肥胖。

（3）节食　不少人乘务人员为了保持苗条体态，习惯节食。实际上，过分节食会产生头昏脑涨、头重脚轻、头痛、便秘、疲劳、失眠、抑郁、情绪低落等问题，特别是对于长期处在高压力工作环境中的乘务人员更为不利。

（4）背包姿势　乘务人员特别是女性乘务人员在日常生活中喜欢背包，但是很多人不注意背包的姿势，长时间用一侧肩膀背包，结果使两个肩膀发展得不平衡，形成高低肩。还有一些人错误理解"抬头挺胸"的动作，使得腰肌软弱无力、腹部日渐突起，错误用力更可能导致腰部过早老化。

（5）驼背　由于一些飞机机型较小，而乘务人员尤其是男性乘务人员个子比较高，在机舱行走时，有驼背的习惯，这样会不自觉地影响到体态效果。因此，在日常工作和生活中一定要注意纠正自己的姿态，以保持体态的优美挺直。

? 思考与练习

1. 谈谈体态保持的意义及作用是什么。
2. 为什么要加强平时的体态训练？
3. 体态练习包含有哪些具体的内容？
4. 体育锻炼对于体态保持的目的是什么？
5. 日常的饮食保养中要注意哪些事项？
6. 睡眠及心理素质对体态保持有哪些影响？
7. 在体态保持中要克服哪些不良的习惯？

（本模块所有图都由南昌理工学院提供）

航空职业形象的语态要求

CHAPTER 7

学习目标

1. 清楚语言表达的意义及作用。
2. 掌握语言表达的技巧与方式。
3. 学会正确地使用语言表达。

学习任务

通过本模块学习，能够正确地认识语言表达在航空服务中的重要性，熟悉语言表达的规范及要求，掌握航空服务用语的准确表达，从而加强与提高语言表达能力，提升自己在日后航空工作岗位上的职业形象及服务水平。

任务一　使用得体的服务语言

 要点提示

语言表达的基本内涵指恰当而合适地使用航空服务语言，使语言表达很"得体"，能够符合当时情况下的语境和语体要求。

通过本任务的学习，了解使用得体语言的作用及意义，掌握语言使用的规范要求，为航空服务工作打下良好的语言基础。

一、使用得体语言的意义和作用

1.使用得体语言的意义

（1）保证服务质量　语言是实现人际交流的重要手段，良好的语言表达能力是航空服务人员必不可少的一项基本技能。因为航空工作者面对的是来自不同国家、不同地区、不同文化层次、不同职业、年龄、地位、不同风俗的乘客，在为乘客服务时，得体恰当的服务语言，会使乘客有愉快、亲切之感，对服务工作产生良好的反应。反之，生硬、唐突、刺耳的语言，会使乘客难以接受，引起乘客的不满和投诉，甚至会严重地影响航空公司的信誉。对于客舱乘务人员来说，掌握语言的表达方式，善于使用礼貌和规范化用语，是保证航空服务质量的关键。

图7-1　对客服务中的交流场景（1）

图7-1～图7-3所示为对客服务中的交流场景。

（2）提高工作效率　航空服务人员与乘客交流时，语言使用的水平往往会影响其工作效率。因此说话也是一种能力和智慧，更确切地说，语言是一门艺术。而作为客舱乘务人员，不论是作为言者还是听者，在与乘客交谈时，通过得体、恰当的语言表达，可以使交谈气氛更加友好，保证航空服务工作的正常开展。

图7-2　对客服务中的交流场景（2）

（3）提高个人修养　俗话说："良言一句三冬暖，恶语伤人六月寒。"可见语言使用是否得当，是否合乎航空服务需要，会产生迥然不同的效果。日常生活中，人们运用语言进行交谈、表达思想、沟通信息、交流感情，从而达到建立、调整、发展人际关系的目的。言谈可以考察一个人的修养与品格，对于航空服务人员亦是如此。

（4）提高公司品牌效应　在激烈的市场竞争中，服务质量的高低决定了公司是否能够生存，市场竞争的核心实际上是服务的竞争。民航公司最关心的是乘客，要想在市场竞争中赢得信誉，就必须提升各方面的服务意识，加强服务理念。言谈中的服务

图7-3　对客服务中的交流场景（3）

实际上是一种服务的软实力，是不能用规则来保持的，它必须融化在每个客舱乘务人员的人生观和价值观里，成为一种自觉行动和思想心念。只有这样，才可能为航空公司赢得更多的回头客。

2.使用得体语言的作用

（1）体现乘务人员对乘客的尊重　当乘客乘坐本航空公司的飞机出行时，乘务员与乘客

之间大多数还是第一次见面。这时乘务员使用得体的语言欢迎乘客的到来。例如，见面说一声"您好"或"欢迎乘坐本次航班"等服务用语，可以让乘客觉得有亲切感，使乘客一下子就能感受到航空公司的良好服务态度，从而放松心情，消除紧张情绪。

（2）促进乘务人员与乘客的沟通　人与人之间的交流主要是通过语言来进行沟通的，得体的服务语言可以使乘务员与乘客相处的更加和谐。在与乘客的沟通中，适当的语气、语调，配以适当的肢体语言所传递的信息和情感会拉近机组成员与乘客之间的距离。

（3）协调乘务人员与乘客的关系　得体的语言可以协调乘务人员与乘客之间的关系。乘务人员在为乘客服务的过程当中，会碰到一些比较复杂的情况：因服务的小小差错或失误，即可导致乘客的情绪激动；或因为工作的条件有限无法满足乘客意愿，而导致他们有意见；或因工作的程序规定必须要乘客配合时，没有响应等。如果使用不恰当地语句与乘客交流，可能会火上添油，加剧矛盾，在这时使用得体的语言，可以顿时化解隔阂，使乘客更易于接受乘务人员的劝阻或服务指导。

二、语言表达规范及要求

1. 形式上的要求

（1）语言明了　在服务过程中，要清楚、亲切、准确地表达出自己的意思，让乘客听得明白，不用重复反问。

（2）轻声性　现代服务是轻声服务，要为客人保留一片宁静的天地。因而航空服务中不能在远处招呼、应答。要"三轻"，即说话轻、走路轻、操作轻。

（3）问候要主动　指在航空服务过程中，要主动开口询问乘客，进行交流。

（4）服务局限性　服务语言的内容局限于服务工作范围内，不可随意出界。

（5）愉悦性　用词、造句和说话的语气都要讲究，使得乘客在精神上和心理上都能够得到必要的服务满足。

（6）服务兑现性　服务语言讲究言出必行，所以遵照公司要求，严格用语。

2. 程序上的要求

在服务程序上对服务语言作相应的要求，有利于检查和指导航空服务人员的语言规范性。

（1）乘客登机有欢迎声　当乘客登机时，所有乘务人员面对乘客都应该给予乘客一声舒心的欢迎登机问候——"欢迎您乘坐本次航班。"

（2）乘客离开有道别声　当乘客下机时，所有乘客人员都应该给予乘客一声温馨的道别。"欢迎再次乘坐本次航班"或"感谢您乘坐××公司航班，下次再见"，让乘客有回味。

（3）受到乘客表扬时有致谢声　表扬是乘客对所接受的服务做出积极、肯定的评价，说明该次服务赢得了乘客的认可，是乘客满意度的一种表现形式。航空人员在服务现场得到乘客的表扬时，应第一时间发自内心的表示感谢。

（4）遇见乘客或者乘客欠安时，有问候声　飞机客舱是个狭小、密闭的空间，并且是高空飞行，乘客乘坐飞机时可能会引起身体上的某些不适，乘务组人员要时刻注意乘客的表情。当发现有乘客出现不适应时，要及时地上前问候，必要时给予一定的关怀帮助。

语言是心结的钥匙

小张刚当上空姐不久，一位中年女乘客因闹肚子不舒服，在飞机上一只手一直捂着肚子，上前询问了几次她都不说话，只管摇头，不一会脸上的汗都冒出来了。小张看着不对劲，就报告了乘务长。乘务长来到她身边慢慢地蹲下并贴近她小声交流了几句。不一会儿，乘务长就打开了顾客的心结，然后把这位妇女领到了卫生间。原来她是第一次坐飞机，就碰上了让她不知所措的事，因为不知道飞机上的厕所如何使用，又不好意思说出口，才导致她身体很难受。

乘务长在服务中的用语方式，让小张明白了一个道理，语言的学问太大了，同是一样的问候，使用的方式不同就会产生不一样的结果来。从此以后，小张就更用心在语言的表达技巧及语态上，再也没有服务不好的状况出现。

（5）服务不周有道歉声　当航空服务人员在工作过程中出现任何的失误时，都应及时给予乘客道歉。

（6）客人呼唤时有回应声　当乘客需要服务或有问题呼唤航客舱乘务人员时，应该当时就应答乘客，并及时解决乘客的问题。

任务二　语态的训练

语言表达，是一个人能力的综合反映。航空服务人员必须要拥有良好的语态，提高与乘客的沟通能力。在工作和生活当中有意识地进行口语训练，逐步培养自己语言的表达力、感染力和亲和力。

通过本任务的学习，掌握语言表达的方式及方法，正确地使用好语言表达，并体会语言的妙处和深层次技巧，掌握语言表达的中心思想与关键点。

一、培养语言表达的感染力

1.语言表达力

（1）学会使用正确的称呼　称呼指的是人们在日常交往应酬之中，所采用的彼此之间的称谓语。在人际交往中，选择正确、适当的称呼，反映着自身的教养、对对方尊敬的程度，甚至还体现着双方关系发展所达到的程度和社会风尚，因此不能疏忽大意，随便乱用。首先，称呼要合乎常规；其次，称呼要照顾被称呼者的个人习惯；最后，称呼要入乡随俗。

称呼的使用有非正式和正式场合之分。在非正式场合，称呼应当亲切、自然、准确、合理，不可肆意为之，大而化之。在正式的场合，常见的称呼为"先生"、"女士"。航空服务人员称呼乘客时应采用正式场合的称呼，并且要因人而异。在飞行服务中对于头等舱的乘客应增加姓氏服务，即姓加上"先生"或"女士"的称呼。

（2）学会恭敬地请求乘客　请求乘客是在工作环境中，向乘客提出要求或是求助于他人时使用的语言。当向乘客提出某种要求或请求时，一定要"请"字当先，而且语态要诚恳，不要低声下气，更不要趾高气扬。常用的请托语有三种类型。

① 标准请托语　主要是用"请"。如"请跟我来"、"请稍候"、"请让一让"、"请把你的餐盒拿给我"、"请问您需要什么饮料"等。

② 求助式请托语　如"劳驾"、"拜托"、"打扰"、"请多关照"等。

③ 组合式请托语　这是前两种形式的总和运用。如"麻烦请您让一让"等。

（3）学会由衷的赞美　赞美也叫做赞扬或称赞，是人表达自己内心良好感受的一种语言行为。在现实生活中，不管是小孩还是大人，不管是年轻人还是老人，都渴望受到尊重、被人赞美。正如心理学家所指出的，每个人都有渴求别人赞扬的心理期望，人一旦被认定其价值时，总是美不自胜的。好话人人都爱听，乘客当然也希望听到乘务人员的赞美，只要是由衷的赞美，就会让乘客感到很愉快。在适当的场合情景中，赞美乘客，可以拉近与乘客之间的距离，建立融洽的关系。虽然人人都喜欢听赞美的话，但并不是任何赞美都能使乘客高兴。因此在使用赞美语时，还要关注到以下几个方面。

① 赞美要发自内心　航空服务人员对乘客的赞美应发自内心，只有基于事实、发自内心的赞美才能引起乘客的好感；相反，不切实际、夸张且虚情假意的赞美，不但会引起乘客的反感，更会让乘客觉得乘务人员油嘴滑舌、毫无诚意，真诚的赞美可以使乘客产生心理上的愉悦感。

② 赞美要具体化　在赞美乘客时，要有意识地说出一些具体而明确的事情，不能空泛、含糊的赞美，具体的赞美才有极强的说服力和影响力。例如，赞美乘客的行为，"对不起，让您久等了，您真有耐心"比"对不起，让您久等了"更让乘客舒心愉悦。

③ 赞美要适度　适度的赞美会令乘客感到欣慰和振奋，过度的恭维反而会适得其反。

④ 赞美要适时　赞美要适时是指乘务人员在赞美乘客时要把握时机，过早或过迟的赞美都会带来不良的影响。

⑤ 赞美要有新意　爱因斯坦曾说过，赞美他思维能力强、有创新精神，他一点都不激动。作为科学家，这类话他听腻了，但如果谁赞美他小提琴拉得棒，他一定会兴高采烈。因此，赞美乘客一定要有新意，不要总是停留在人所共知的优点，而是要去发掘乘客身上一些鲜为人知的优点，表现出独特眼光，让乘客得到一些新的肯定，这样效果会更好。例如，对漂亮的女孩除了可以夸她美丽，还可以夸她有气质、有内涵；而对于老年人，可以说他身体硬朗，精神抖擞。

（4）学会真诚的道歉　由于航空服务具有特殊性，加之乘客对服务要求比较高，因此容易在服务的过程当中没有达到乘客的需求而造成他们的不满。如航班延误造成乘客的不满，乘务人员自身的原因给乘客带来了不便或是造成乘客的损失甚至是伤害等。在这种情况下，正确的方法是及时向乘客道歉。因为乘务人员这时不仅仅代表的是个人，还代表着整个航空公司。道歉应该主动及时，具体的处理方法如下。

① 首先应该跟乘客真诚的致歉，并把自己的错误说出来，主动承担这个错误所造成的后果。暂且收起平常的推托和交际手腕，必须让对方知道，自己不但口头上承认了这个错误，心里也知道是自己错了。可以说"真是很对不起"或是"确实是给您带来麻烦了"等。

② 让对方知道，自己完全了解这个错误给对方造成的影响。告诉对方自己曾设身处地地想过，并能充分体会他的感受；告诉他，自己心里明白这个错误会带给他多少额外的麻烦，而且愿意和他一起解决。

③ 诚恳地向对方表达自己的歉意，必须用正确的措辞以及合适的表达方式。必要时可以给予乘客一定的补偿。

（5）学会委婉的拒绝　委婉拒绝体现了人际交往的灵活性，有利于处理好人与人之间的关系。每个航空服务人员都应有接纳与宽容之心，但在一些特殊情况下也要学会拒绝。例如，乘客送礼物给乘务人员或乘客要乘务人员的联系电话。拒绝是指不接受某种东西，或是某种观点，或是某种行为。委婉的说不直接拒绝，采取含蓄，婉转之词，达到拒绝的目的。也就是说，在拒绝时既不刺激对方，不伤害对方的感情，又不同意对方的看法或要求等。

拒绝他人的要求，根据不同的场合、对象，选择恰当地表达方式，注意语言的婉转含蓄，对方才能心悦诚服地接受。委婉拒绝运用得好，可以达到文雅得体、幽然含蓄的效果。以下是一些常用的拒绝方法。

① 先赞美再用正当理由拒绝　例如，和某人在某件事情上存在异议时，可以先肯定对方的想法，再用正当的理由来拒绝。

② 指出自己的难处委婉拒绝别人　例如，某人需要自己帮助他去做某件事，但是自己实在分身无暇去做，这时可以如实说出自己的难处，对方大多都会谅解，同时也可以给对方推荐适合的人选。

③ 先肯定别人再婉转指出缺点　当某人自荐做某件事时，他可能不是自己心目中的理想人选，可以先肯定他的能力，然后再婉转地说："你的能力很好，只是这件事不是很适合你。"

（6）学会巧妙地说服乘客　说服，指心悦诚服，用理由充分的话开导对方，使之心服。乘务人员在与乘客交往过程中，总会遇到要说服对方的情况。例如，碰到使用手机的乘客、不愿调整座椅靠背的乘客、起飞时没有系安全带的乘客等。作为乘务人员来说，怎样才能将自己的想法表达出来，让乘客心悦诚服地接受意见，需做到以下几点。

① 以退为进　在说服时，首先应该想方设法调节谈话的气氛。如果和颜悦色地用提问的方式代替命令，并给人以维护自尊和荣誉的机会，气氛就是友好而和谐的，说服也就容易成功。反之，在说服时不尊重他人，拿出一副盛气凌人的架势，那么说服多半是要失败的。毕竟人都是有自尊心的，谁都不希望自己被他人不费力地说服而受其支配。

② 以弱克强　渴望同情是人的天性，如果想说服比较强大的对手时，不妨采用这种争取同情的技巧，从而以弱克强，达到目的。

③ 以刚制刚　很多人都知道用"威胁"的方法可以增强说服力，而且还不时地加以运用。这是用善意的"威胁"使对方产生恐惧感，从而达到说服目的的技巧。"威胁"能够增强说服力，但是，在具体运用时要注意以下几点。第一，态度要友善。第二，讲清后果，说明道理。第三，"威胁"程度不能过分，否则反会弄巧成拙。例如，当乘客的行动影响到飞机飞行安全时，客舱乘务人员应心情坚决地给予制止。

④ 以心换心　站在他人的立场上分析问题，能给他人一种为他着想的感觉，这种投其所好的技巧常常具有极强地说服力。要做到这一点，"知己知彼"十分重要，惟先知彼，而后方能从对方立场上考虑问题。

⑤ 消除防范　一般来说，在和要说服的对象较量时，彼此都会产生一种防范心理，尤其是在危急关头。这时候，要想使说服成功，就要注意消除对方的防范心理。如何消除防范心理呢？从潜意识来说，防范心理的产生是一种自卫，也就是当人们把对方当作假想敌时产生的一种自卫心理，那么消除防范心理的最有效方法就是反复给予暗示，表示自己是朋友而不是敌人。这种暗示可以采用以下方法来进行：嘘寒问暖、给予关心、表示愿给帮助等。

⑥ 寻求一致　习惯于顽固拒绝他人说服的人，经常都处于"不"的心理组织状态之中，所以自然而然地会呈现僵硬的表情和姿势。对于这种人，得努力寻找与对方一致的地方，得到对方赞同，而后再想法引入主题，而最终求得对方的同意。

（7）学会使用正面语言　航空服务人员在为乘客服务时，应尽量避免使用负面语言。如，"我不能"、"我不会"、"我不愿意"、"我不可以"等。因为当向乘客说出这些负面语言的时候，乘客就感到得不到帮助。乘客不喜欢听到这些话，他只对解决问题感兴趣。这时应该告诉顾客，能够做什么，而不是不能做什么，这样就可以创造积极的、正面的谈话氛围。

在服务的语言中没有"我不能"。当说"我不能"的时候，乘客的注意力就不会集中在所能给予的事情上，他会集中在"为什么不能"，"凭什么不能"上。正确的处理方式是，"看看我们能为你做的是……"，这样就避开了跟乘客说"不行"、"不可以"。实际上表达的意思是一样的。

2. 语言感染力

从很大程度上来讲，航空服务是靠声音和语言去感染顾客的，进而达到给乘客提供舒适愉快的旅程服务。因此，培养语言感染力是非常重要的。那么，如何培养语言感染力呢。

（1）语速适中　语速是指讲话时声音的快慢。人在说话时，同时是心理、感情和态度的流露。其中，语速的快慢、缓急直接反映着说话人的心理状态。语速太快，表明航空服务人员内心紧张；语速太慢，说明内心不自信。因此在与乘客交流时，语速不能太快或是太慢，要让乘客能够听清楚。一般情况之下，语速保持在每分钟120字左右比较合适。

（2）发音准确　航空服务人员发音要标准，吐词要清晰，要让乘客很容易听清楚自己说的话。要想使声音在交谈中富有感染力，一定要字字清楚明了，每一次交谈都要给乘客如沐春风的感觉。而作为客舱乘务人员，面对的是每一个各不相同的乘客，个性、心境、期望值各不相同的个体。既要有个性化的表达沟通，又必须掌握许多有共性的表达方式与技巧。吐字清晰明了的好处就是，向乘客及时准确地传递信息；得体地劝说他人接受某种规范化的观点；倡导他人实施某一标准要求下的行动；果断地做出某一决定或遵守某一必要的规则。

（3）语气正确　语气包含思想感情、声音形式两方面的内容，而思想感情、声音形式又都是以语句为基本单位的。因此，语气的概念又表述为：具体思想感情支配下的语句的声音形式。语音作为语言的物质外壳，是语气表达所必须依据的支持物。

语言是人与人之间交往与沟通的桥梁。但由于受社会、家庭和个人的某种语言习惯的影响，形成了每个人独特的习惯语势。有的人讲话声音变化很大，总是一开口声音很高、很强，到后来则越说越低、越弱，句尾的几个字几乎听不到。这种头重脚轻的语势使语意念混，容易造成听话人的疲劳感。有的人讲话，总是带有一种"官腔"，任意拖长音，声音下滑，造成某种命令、指示的意味。有的人讲话，则喜欢在句尾几个字上用力，使末一个字短促，语力足，给人以强烈感、武断感，容易让人不产生舒服感。

语气是航空服务人员说话过程中内心态度的晴雨表。在服务时的语气要求是：平和中有激情，耐心中有爱心，杜绝产生出不耐烦的语气来。

经常会遇到一些沟通不畅或回应不及时的乘客，例如，工作人员再三告知某个问题或者是某个状况，而乘客根本不理解。在这种状态下，如果没有较好的服务耐心和细致的工作态度作为个人工作上强大的心理基础，就无法使心绪平衡，很可能会说出反感的话，或流露出反感的语气来。如果真是这样，就必然会触怒乘客。

（4）音调自然　音调不要怪腔怪调，要自然，一定要做到抑扬顿挫，音调要有高、中、低之分，富于变化，不要太机械化。如果使用一种音调跟所有客户讲话，好像是录音机播放的一样，缺少变化，因而自己的语言也就缺少生气。相声演员姜昆曾说过一段相声，他是这样形容经典歌曲的，"经典歌曲刚开始时就像平地行走，音调较平，然后开始爬坡，音调往上走，爬到最高处时，突然往下，音调骤降，到结尾时，翻几个跟斗，音调也跟着绕几个圈。"这样的歌曲唱出来后，那简直是"余音绕梁，三日不绝"。个中道理很值得航空工作者认真的推敲。

（5）音量适度　适度就是声音的大小、音量不宜过大，要适中。特别是飞机的客舱是个狭小密闭的空间，乘务人员为乘客提供服务时，声音过大令人厌烦，声音过小则难以听清楚，音量的大小要根据现场的情况而定。距离较近时声音不宜过大，距离较远时，声音不宜过小。声音适度应以乘客能听清楚为宜，这需要乘务人员在日常生活中学会把握声音的大小。音量高低能够反映一名乘务人员素养的多少，音量过高容易给人一种缺少涵养的感觉，音量过低又会给人一种自信不足的印象。

（6）语言简明　简明，就要简洁明了，即用尽量少的语言传达尽可能多的信息，达到尽可能高的准确度和理解度。要求乘务人员与乘客沟通时，表述要清晰，明白易懂。一要避免啰嗦，不说废话；二要避免歧义，防止误解；三要避免晦涩，便于理解。

3.语言亲和力

亲和力源于人对人的认同和尊重，很多时候，亲和力所表达的不是人与人之间的物理距离的远近，而是心灵上的通达与投合，是一种基于平等待人的相互利益转换的基础。真实的亲和力，以善良的情怀和博爱的心胸为依托，是一种发自内心的特殊禀赋和素养，亲和力现在越来越多地被用于航空服务人员身上。

航空服务人员拥有一定的亲和力，能够方便与乘客之间的沟通和交流。人都是有感情的，乘客当然也不例外，通过双方感情的沟通和交流能够让服务者和乘客之间建立一座互信的桥梁，信任的建立将会有效地消除人与人间的交流难度。作为航空服务人员应该从以下几个方面培养自己的亲和力。

（1）尊重乘客　培养亲和力首先要做到尊重别人，俗话说"种瓜得瓜，种豆得豆"。将这条朴素哲理运用到实际的交往中，尊重别人，也会得到别人的尊重，尊重别人其实就是尊重你自己。具有亲和力的航空服务人员，每天都保持自信乐观向上的心情去面对每一位乘客，会把乘客视为自己的熟人、朋友、老乡和亲人，这将使乘客加深对航空服务人员的信任感。

（2）常用礼貌用语　工作中使用礼貌用语，是表达对服务对象的尊重。并且根据乘客的年龄、性别、籍贯、职业、文化素质、风俗习惯，灵活使用个性语言。掌握语境适人、适时、适地、适度，是做好礼貌服务用语的根本途径。

（3）词语温和　航空服务中要轻声、简短、语气亲切、温和，切忌生硬、粗俗或不耐烦，要充分地体现出航空服务人员的形象来。与他人发生争执时，要冷静有耐心，坚持以理服人，即使面对言语粗暴的乘客，也要表现出节制、有礼貌，说话时一定要看着对方的眼睛，面带真诚地微笑。

（4）回答全面　面对乘客提问时，回答一定要全面。回答全面并不是回答得越多越好，而是要针对乘客的问题来全面的回答。不要有所遗漏，特别是关键问题，要学会问一答十，这和精准并不矛盾。例如，客舱乘务人员在向乘客介绍机上设备、安全需求时，有必要详尽耐性、要言不烦、条理清楚，不仅要让乘客了解所介绍的内容，并且要让乘客易于接受。

（5）语言、表情与动作相一致　俗话说"眼睛是心灵的窗口"，身体其他部位的沟通也与目光接触有关，人际沟通中如果缺少目光交流的支持，将会使人际沟通过程变得不愉快，而且很困难。当目光与面部表情不一致时，目光是表达个体真实心态的有效线索。人们如果只谈话而面无表情或动作时，会有一种命令的语气，会令听话者很不高兴。因此，航空服务人员在为乘客服务时，应尽量让自己说话时配以恰当的表情和动作，并保持一致性。

（6）做一名耐性的听众　在与乘客对话中，要注意耐心听取乘客所说的话。对说话的内容要做出活跃的反响，以此来体现乘务人员的诚心。例如，通过点头、浅笑或简略重复乘客的说话内容，来表达对对话内容认真倾听后做出的反应。

二、语言表达注意事项

1.语言表达的原则

在航空服务中，通常因为一句话会给航空服务的工作带来不一样的结果。一句悦耳动听的言语，会给航空公司招来许多回头客；也能够因为一句刺耳的话，乘客会永久不再乘坐这家航空公司的飞机；或者还会将他们的遭受通知其他乘客。所以得罪了一名乘客或许能够得罪十名或百名乘客。航空服务人员在执行服务工作中要注意以下几点事项。

（1）遇事冷静的原则　当遇到突发的事情或问题时，航空服务人员要坚持必要的冷静态度，不惊惶失措，并且要有迅速处置问题的对策。

（2）思维敏捷的原则　应变不应是被动，而应是主动，能防患于已然。

（3）机智诙谐的原则　航空服务人员要灵活运用机智诙谐的原则处置可能呈现的各种难以处置的问题，以缓和场面，使双方变得轻松高兴。

（4）忍受性强的原则　航空服务人员要有较强的驾驭能力和抑制能力，做好耐烦、细致地说服和解释工作，客观理性地处置好各种突发事件。

2.航空服务人员常用敬语

（1）乘客登机阶段的乘务人员敬语

① 登机时的乘务人员敬语

a.您好（早上好、中午好、下午好、晚上好），欢迎登机！我可以看下您的登机牌吗？

b.您好（早上好、中午好、下午好、晚上好），大爷（大妈）！欢迎登机，我帮您提行李，请跟我来。

c.您好（早上好、中午好、下午好、晚上好），小朋友！小心，慢点往里面走！

d.前排的乘客请先让一下，让后排的乘客先通过，放不下的行李稍后我再给您安排，谢谢！

e.您的大件行李可以放在头顶上方的行李架上，小件行李可以放在前排座椅下方。

f.您的座位号是（ ）排（ ）座，请往这边走。

② 为紧急出口处乘客介绍时的乘务人员敬语

a.对不起，先生（女士）打扰一下，您现在坐在紧急出口的座位上，我将为您做简单的介绍。

b.对不起，先生（女士）打扰一下，这是紧急出口的座位，按照有关规定，您是不适合坐在紧急出口的，我为您调换一下好吗？

③ 起飞前安全检查时的乘务人员敬语（下降前安全检查同样适用）

a.请您系好安全带！

b.请调直您的座椅靠背！

c.请收起您的小桌板！

d.请您把遮光板打开！

e.请您关闭手机电源（手机电源在飞行中一直处于关机状态）！

（2）飞机平飞后的乘务人员敬语

① 发报纸、杂志、儿童读物时的乘务员用语

a.先生（女士），我们为您准备了××晚报……请问您需要阅读吗？

b.小朋友，这是我们为你准备的书，喜欢吗？

② 为乘客开阅读灯、通风口时的乘务人员敬语

a.请问您要打开阅读灯吗？

b.这是通风口，像这样拧开就会有空气流出。

c.如果您感到热可以打开头顶上方的通风口。

d.如果您感到凉可以关闭头顶上方的通风口。

③ 发饮料时的乘务人员敬语

a.我们为您准备了咖啡、橙汁……请问您喜欢喝哪一种？

b.这是您的咖啡，请慢用。

c.小朋友要用吸管吗？

④ 发餐时的乘务人员敬语

a.今天我们为您准备了鸡肉米饭和牛肉面条，请问您喜欢哪一种？

b.这是您的餐食，请慢用。

c.对不起！请把座椅靠背调直一下，方便后边的乘客用餐，等休息时再放下您的座椅靠背，谢谢！

d. 大爷（大妈），面条比较软，需要来一份吗？

⑤ 收垃圾时的乘务人员敬语

a. （里面的乘客）请您帮忙递一下不需要的饮料罐、餐盒等杂物，谢谢！

b. 麻烦您稍等一下，我们一个一个来收好吗？

⑥ 发意见卡时的乘务人员敬语

a. 这是我们公司的意见卡，请您留下宝贵意见，谢谢！

b. 感谢您提出的宝贵意见，我们会及时改进，欢迎您再次乘坐我们的航班，谢谢！

c. 谢谢您给提的宝贵意见，我一定向领导（有关部门）如实反映。

⑦ 乘客休息及细微服务时的乘务人员敬语

a. 您好！请问需要毛毯吗？

b. 对不起！打扰一下，休息时请您系好安全带。

c. 您好！刚才您休息了，我们没有打扰你，请问您现在需要用餐吗？

d. 如果您觉得不舒服，可以解开衣领，调节通风口。

e. 如果您还觉得不舒服，需要我们的帮助，请按头顶上方的呼唤铃，我们将及时为您提供服务。

f. 如果您要躺下休息，那边有整排的空座位，另外我们还配有毛毯和枕头，您需要吗？

（3）飞机落地后的乘务人员敬语

● 再见！欢迎您再次乘坐我们的航班！

● 请慢走，再见！

● 请您携带好您的手提物品！

● 小朋友真乖，下次再见！

（4）其他常用敬语

① 售票处

a. 先生（女士）您好，请问您要预定哪家航空公司的机票？具体日期与出发时间？

b. 您好，先生（女士）：你所订的是×月×号从××地出发到达××地的机票，是××航空公司的××航班，正常起飞时间是×时×分，到达目的地的时间是×时×分，请您核实一下机票信息。

c. 从这里到达××机场的时间大约是×小时×分钟，请您提前×小时到达机场。

d. 感谢您在此订票，欢迎下次光临，再见！

② 办理登机牌及行李托运

a. 请问您乘坐的航班是？

b. 请问您需要办理行李托运吗？有几件行李需要托运？

c. 请问您对座位有要求吗？希望坐窗口位置还是过道位置呢？

d. 请稍等，马上给您登机牌。

e. 请拿好您的登机牌，通过安检后，按照上面指示的登机口进行登机。

③ 安检处

a. 先生（女士）您好，请出示您的登机牌及身份证。

b. 先生（女士），请把您的随身物品放在安检设备上进行安全检查。

c. 请您伸开手臂。

d. 请你转过身来。

e.请取走您的安检物品。

④ 登机口

a.先生们、女士们：飞往××的××航班现在开始登机了，请乘客们拿好手中的登机牌，秩序排队，检票登机。

b.请让老人及带小孩的乘客优先排队登机。

c.请出示您的登机牌。

3.航空服务人员禁语

（1）这不是有提示吗，你自己不会看啊？

（2）我都和你说了好几遍了！

（3）你没坐过飞机呀？

（4）你怎么还不明白呢？

（5）我不知道，你去问别人吧！

（6）刚和你说过，怎么还问？

（7）你听不懂我说的话吗？

（8）这不明明写着的吗？

（9）你说话怎么那么难听！

（10）吵什么吵？还想不想走了？！

（11）你怎么就是听不明白呢？

（12）真是没素质！

（13）有意见是吧，那你去找领导啊！

（14）我比你还累呢！

（15）你在骂人是吧？

（16）我觉得凡是正常的人都能听明白。

（17）您是听不懂我说的意思，还是怎么了？

（18）您认为是我错了吗？

（19）你嚷什么啊？自觉点！

（20）你没看见我正忙着的吗？

（21）你觉得我干这个工作挺容易吗？告诉你咱谁都不容易，体谅吧！

（22）这个问题还需要我再给您重复一次吗？

（23）先生（女士），您这是在命令我，对吗？！

（24）您听不懂，我也不能再给您解释了，我都给您说过好几遍了。

（25）那您认为会是什么原因造成的呢？

（26）我要是知道能不告诉您吗？

（27）我说不行就是不行，清楚了吧！

（28）我看谁也没有办法解决好你的这个问题！

（29）这是航空公司的规定，我也没办法！

（30）不满意是吧，那你去投诉啊！

思考与练习

1. 阐述在航空服务中使用语言表达的意义和作用。
2. 如何使用正确的语言表达方式？
3. 在语言表达中为什么要注意语态和语气？
4. 语言表达中的注意事项有哪些？
5. 模拟迎送服务、模拟餐饮服务（要求在模拟舱中，穿着正式的航空制服，女士着高跟鞋，使用规范的航空服务语言，为乘客做好周到的服务）。

（本模块中所有图由南昌理工学院提供）

航空职业形象的实操及应用

学习目标

1. 掌握航空职业形象实操训练的步骤及要求；
2. 主动学习形象塑造方法，保持好个人形象；
3. 熟悉航空职业形象在公共领域里的实际应用；
4. 了解个性中的不足及缺陷，并加以修复及完善。

学习任务

按照专业老师的指导，掌握好发型、服饰、妆容、行走坐蹲、表情、语言等的每一个细节要求、步骤、要领，做到一丝不苟、完整美观。并用心领会与操作好航空职业形象在其他公共领域里的实际应用。

通过本模块学习，全面掌握好航空服务形象的塑造方法，明白航空职业形的具体运用，并清楚个性中的优缺点，完美个人的航空职业形象。

任务一 航空职业形象的实操训练

课堂用心、课后用功、相互参照与评比等，都是极佳的实操训练方法。跟随专业老师的指导慢慢地进入到服务的情景状态中，专心投入。

通过本模块的学习，掌握好实操部分的练习，在理解形象的基础上，加快与提升个人的航空职业形象塑造方法及技巧。

一、课堂实操训练

1. 训练的基本方法

课堂实操训练是形象塑造与保持的必要做法,这是打好形象基础的关键性一步。认真听取与理解好专业老师在课堂上的训练指导,然后按照指导方法及步骤,反复地进行实操练习,直到完全领会与操作自如,符合形象的标准要求为止。

① 地点 教室、形体室、化妆室、模拟训练中心。

② 分组 按照客舱乘务组人员分配,五到六人一组。

③ 要求 妆容、发型、服饰按照客舱乘务人员的标准要求执行。

④ 形式 按照专业老师指导方法,分组、分别实操练习。

⑤ 纠正 两小组之间结对,互相纠正练习。

⑥ 考评 班级内分项考评,全部合格过关。不合格者重新补考。

(1) 站、坐、行、蹲姿的实操训练

按照站、坐、行、蹲姿的标准要求及练习方法,认真地做好实操练习。

图8-1~图8-4所示为男、女生站姿练习。

图8-1 男生垂臂式站姿练习

图8-2 男生后背式站姿练习

图8-3　女生站姿练习

图8-4　男、女生腹前交叉（握指）式站姿练习

图8-5～图8-7所示为男、女生坐姿练习。

图8-5　男生垂直式坐姿练习

图8-6　女生正位式坐姿练习

图8-7　女生重叠式坐姿练习

模块八　航空职业形象的实操及应用

图8-8、图8-9所示为男、女生行姿练习。

图8-8　男生行姿练习　　　　　　图8-9　女生行姿练习

图8-10、图8-11所示为男、女生蹲姿练习。

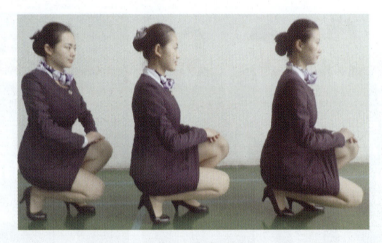

图8-10　女生蹲姿练习

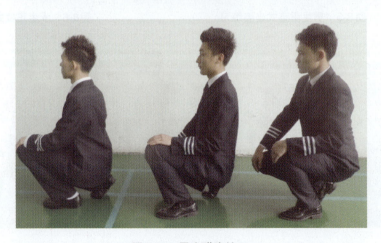

图8-11　男生蹲姿练习

（2）发型、妆容、服饰实操训练

按照客舱乘务人员的发型、妆容、服饰搭配的规范要求，分别进行实操练习。

图8-12、图8-13所示为女生盘发、丝巾佩戴练习展示。

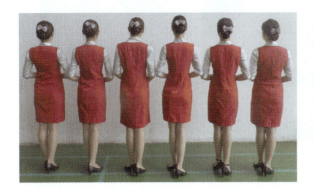 

图8-12　女生盘发练习展示

图8-13　女生丝巾佩戴练习展示

图8-14所示为男生领带佩戴练习展示。

图8-14　男生领带佩戴练习展示

图8-15～图8-17分别为女生打粉底、画眉、涂口红练习。

图8-15 女生练习打粉底　　　图8-16 女生练习画眉　　　图8-17 女生练习涂口红

（3）模拟迎送鞠躬、握手实操练习

① 鞠躬

a.鞠躬准备时标准站姿　男士垂臂式、女士腹前握指式。目光注视前方，恭敬迎送乘客登机、下飞机，或者在机场恭迎要客、贵宾等。

b.一度鞠躬　当乘客进舱门时，或要走出舱门下飞机时，乘务人员要站在客舱内迎送乘客位置，面带微笑，施行15度鞠躬礼。施礼时配合欢迎与感谢乘客敬语，"您好，欢迎您乘坐本次航班！""再见！欢迎您再次乘坐我们的航班！"

施礼时目光注视对方，中腰前倾15度，后背、颈部挺直，面带微笑，目光略下垂。礼毕，起身，面部仍带微笑，目光礼貌地注视对方的反馈。

c.二度鞠躬　施礼时目光注视对方，中腰前倾30度，后背、颈部挺直，面带微笑，目光注视前方1.5米地面。礼毕，起身，面部仍带微笑，目光礼貌地注视对方的反馈。

d.三度鞠躬　施礼时目光注视对方，中腰前倾45度，后背、颈部挺直，面带微笑，目光注视前方1米地面。礼毕，起身，面部仍带微笑，目光礼貌地注视对方的反馈。

图8-18～图8-21所示为模拟一度、二度、三度鞠躬。

图8-18 模拟男士一度鞠躬　　　图8-19 模拟女士一度鞠躬

图8-20　模拟女士二度鞠躬　　　　　　图8-21　模拟女士三度鞠躬

② 握手

a.握手准备时标准站姿：男士垂臂式、女士腹前握指式。

b.不随意、不莽撞、不敷衍、不造作、不扭捏。

c.乘务人员不主动向乘客握手。当乘客伸出手来向乘务人员示意握手时，应热情地伸出右手去"迎握"。

d.握手时，目光注视着对方，面带微笑，力度适中。

图8-22、图8-23所示为模拟男士、女士握手。

图8-22　模拟男士、女士握手　　　　　图8-23　模拟女士握手

2.训练的要求及注意事项

课堂形象的学习训练，要在专业老师的具体指导下，按照规范化的形象标准要求，全神贯注地观摩每一个详细步骤及过程，亲身感受到每一个形象的细节，建立起标准形象的印象。另一方面，在跟随老师指导的练习中，不断地纠正自己的形象偏差，慢慢地就会找到标准形象的真实感受，让自身的形象更加符合标准形象地要求及美感，把标准化的航空职业形象牢牢地印在大脑中。

从而达到认识形象、树立形象、爱护形象、完美形象的课堂训练目的。同时要求课堂学习要用心、专心、耐心、细心和精心，做到全心全意地跟随老师的课堂指导方法，一丝不苟地练功，绝不可马虎大意，一知半解。

二、模拟实操演练

1. 演练的基本方法

模拟演练内容包括地面服务模拟演练、客舱乘务模拟演练。认真听取与理解好专业老师在演练前、中、后的指导及要求，然后按照指导方法及步骤，反复地进行实操练习，直到完全领会与操作自如，符合形象的标准要求为止。

（1）地点　教室、模拟舱、模拟训练中心。

（2）方式　按照事先划定的小组，分别进行地面及客舱的模拟演练。

（3）模拟值机人员形象

① 发型　男士短发，女士短发或盘发，符合航空服务人员的职业发型要求。

② 妆容　面部、颈部、手部洁净，指甲长度不超过2毫米，女士不染指甲，不贴假指甲；口气、体味清新。男士不留胡须、鼻毛不外露。女士化职业淡妆，不使用浓烈的香水。

③ 服饰　男值机人员西装制服、佩戴领带、着黑皮鞋；女值机人员一般着西装制服或新款职业套装、佩戴丝巾、穿工作鞋。男值机人员着制服时必须佩戴统一的领带。要求制服鞋袜干净、平整、无污迹、无异味、无破损。

④ 饰品要求　可佩戴一块手表，一枚戒指，不允许佩戴其余饰物。

⑤ 证件佩戴　机场工作证挂在胸前，正面朝外。工作号码牌佩戴在左胸上方（男士戴在左上侧口袋的上边线中间位置，女士戴在衬衣或外套第二粒纽扣左侧平行位置）。

⑥ 仪态、语态　按照航空职业形象的标准要求。

（4）模拟乘务人员形象　发型、妆容、服饰、仪态、体态、语态符合前面章节内所讲的客舱乘务人员的职业形象要求。

（5）要求　按照专业课老师的指导步骤，分组及个人实操演练。

（6）纠正　本小组成员互相纠正；邀请其他小组成员共同纠正。

（7）考评　班级内分项考评，全部合格过关。不合格者重新补考。

2. 地面服务模拟演练

（1）模拟地面服务的内容及要求　模拟机场地面服务中的前端服务，售票、问询服务等；模拟地面中端服务，值机服务（换登机牌、行李托运）、安检服务等。给乘客提供需要的服务时，要有面部表情、引导手势、服务语言的适度配合，做到心神、口手合一，微笑热情，态度诚恳，充分地表达出内外在形象的一致性。

在模拟服务表现中，一定要沉住气，不能手忙脚乱，细心地按照老师平时的教导，把服务中的每一步程序执行到位，并控制好操作时间。

（2）模拟地面服务的规则及注意事项

① 机场售票柜台给乘客提供售票服务时，要使用服务敬语，做到热情、详细、清楚、耐心，不急不躁，语气不生硬、态度要和蔼。例如，"请您稍等，我先帮您查一下这个航班是否还有剩余的机票。""对不起，××航班的机票全部售出了，×时×分的××航班还有剩余的机票，您需要购买吗？"

② 机场现场问询服务人员见到乘客走过来时要微笑着站起，主动、热情地使用服务敬语问候，例如，"您好，请问有什么需要帮助的吗？"

如果乘客询问登机口位置，要积极地配合手势的方位引导，回答清楚准确的方位，"您的登机口在A8,请您往这边走,前方50米就到了。"

假如乘客询问航班延误原因,要提供详情信息,"您的航班因为××城市下大雪机场关闭,预计推迟两个半小时起飞,请您暂时休息,等候广播通知。"

③ 呈接乘客身份证或护照时,值机员起立,面带微笑,使用服务敬语主动问候乘客,双手接过乘客递过来的证件。

④ 值机员办好手续后,也要面带微笑,双手将证件、登机牌、行李条(贴在登机牌上)递交给乘客,同时提醒乘客保管好手中的行李条。

⑤ 按照正常的值机时间,值机员必须在30秒至1分钟内办理完一个乘客的乘机手续。所以要准、快、细,办理过程中必须全神贯注,一丝不苟。

⑥ 对于晚到乘客态度不能生硬,如果还没有到停止办理时间,值机员要告知到快速柜台办理乘机手续。其他情况须按照民航值机规定程序执行办理。

图8-24所示为模拟值机岗位,图8-25所示为模拟托运行李条粘贴。

图8-24　模拟值机岗位　　　　图8-25　模拟托运行李条粘贴

图8-26所示为模拟交还乘客证件及登机牌,图8-27所示为模拟柜台内方位引导手势。

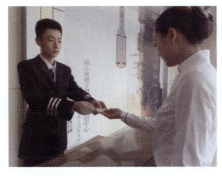 

图8-26　模拟交还乘客证件及登机牌　　图8-27　模拟柜台内方位引导手势

3. 客舱乘务模拟演练

(1)客舱乘务模拟演练的内容及要求　模拟从乘务组准备会议到安检、登机、迎接乘客登机到客舱巡视、安全演示、餐饮提供、解答与解决乘客提出来的各种问题,欢送乘客下飞机等一整套的客舱乘务全过程。严格按照专业老师指导的客舱乘务标准程式进行，不得自行改变服务流程及服务方式。

（2）模拟乘务组执行飞行任务

① 从模拟乘务组中推选一位乘务长。

② 登机前准备会，这是乘务人员执行飞行任务的第一项工作，是飞行前的总动员会及乘务工作检查会。乘务人员见到乘务长及其他乘务人员应主动问候，并向乘务组成员作自我介绍。

③ 乘务组人员在候机楼列队行进时，女性左肩挎包，左手握于包带下端，右手拉箱；男性左手提包，右手拉箱。注意身体不得左右晃动或摇摆飞行箱。行进过程中不得勾肩搭背、挠腮挖耳，不可边走边吃东西、高声喧哗或者打手机。

④ 进入安检区，应主动与安检人员打招呼，有序地将自己的行李放置在传送带上，接受安全检查。

⑤ 乘坐专用的机组车到登上执行客舱乘务的飞机，上车后要主动向机长和机组人员问候、施礼。先上车的乘务人员应从后向前依次就座，将前排座位留给机长与飞行人员。个人衣箱依次摆放整齐，不得妨碍他人通行。下车时礼让机长先行。

⑥ 候机楼待机时，集中就座，安静等候。女乘务员正位式坐姿，背包统一放在自己的双腿上，双手扶于包上；男乘务员采用垂直式坐姿。

（3）模拟客舱服务

① 客舱检查　这是乘务组成员必须要做的一项工作，检查机上情况，如座椅调整、安全带放置等。

② 乘务员迎客登机　站在登机舱门内的迎客处，面带微笑致欢迎词。

③ 乘务组成员介绍　向乘客介绍执行本次航班服务的乘务组人员名单，介绍到的乘务员要面带微笑，向乘客施鞠躬礼。

④ 客舱安全演示　按照顺序向乘客演示安全用品的使用及注意事项。

⑤ 客舱巡视　查看客舱情况，问候乘客，建立和谐的服务关系。

⑥ 客舱餐饮提供　向乘客提供饮料及餐食、特殊餐服务。

⑦ 特殊乘客服务　要客、老人、孩子、病人的特殊服务。

⑧ 乘客问题解答　遇到空中气流颠簸或特殊情况时，做好乘客的问题解答。

图8-28所示为模拟安全演示，图8-29所示为模拟客舱巡视，图8-30所示为模拟餐饮服务。

图8-28　模拟安全演示

图8-29　模拟客舱巡视

图8-30　模拟餐饮服务

（4）模拟客舱乘务的规则及注意事项　客舱实操演练需要有人扮演各类乘客，如特殊乘客：老人、孩子、病人及国外乘客等，完全模拟真实的客舱乘务场景。要求演练时真实、贴切，投入真情实感，言行举止配合好，杜绝比划式的走过场情况出现。

①欢迎乘客登机　要满怀着喜悦的情感对乘客说"欢迎光临！"。

迎客过程中表现出的良好形象，会带给乘客专业、亲切、温馨的印象，近而影响乘客的正面情绪，促使客舱的气氛更加和谐、愉悦。

中文广播词举例：

> 女士们，先生们：
>
> 　　欢迎您乘坐中国国际航空公司CA1509航班由北京前往杭州。由北京至杭州的飞行距离是1200千米，预计空中飞行时间是1小时50分。飞行高度10000米，飞行速度平均每小时650千米。
>
> 　　为了保障飞机导航及通讯系统的正常工作，在飞机起飞和下降过程中请不要使用手提式电脑，在整个航程中请不要使用手提电话、遥控玩具、电子游戏机、激光唱机和电音频接收机等电子设备。
>
> 　　飞机很快就要起飞了，现在客舱乘务员进行安全检查。请您在座位上坐好，系好安全带，收起座椅靠背和小桌板。请您确认您的手提物品是否妥善安放在头顶上方的行李架内或座椅下方。
>
> 　　本次航班的乘务长将协同机上全体乘务员竭诚为您提供及时周到的服务。

②微笑服务　要求从见到乘客开始的整个客舱乘务过程中以及在被乘客不理解的过程中，需要解决困难问题时，微笑都需要时时刻刻挂在脸上。对乘客的过激表现不迁就、不动怒，按照客舱乘务人员服务形象的规范要求，善于沟通与应变。绝不能因个人的情绪问题喜怒无常，也不能自认为是模拟演练，就不认真对待。

③客舱巡视　严格按照客舱的真实服务过程进行。在整个服务过程中，不间断的客舱巡视，永远的面带微笑，会深深地打动乘客，增强乘客对乘坐航班的信任和支持。

要求真诚地与乘客面对面地沟通，处理乘客需要，清洁洗手间，保持客舱的整洁卫生。随时照顾好生病的乘客及需要特殊服务的乘客。

④安全演示　按照专业老师教导的客舱安全演示方式进行。做好使用救生衣、氧气面罩的演示以及系安全带的演示，飞机紧急出口的告知以及安全须知的演示。

⑤餐饮服务　按照服务流程提供周到、及时的饮料服务、餐食服务、酒类服务、特殊餐服务等。

⑥欢送乘客下飞机　同样要满怀着喜悦的情感对乘客说"感谢您乘坐本次航班，欢迎下次光临！"送别乘客，表示感谢的同时也是在为航空公司积极争取更多的回头客。

案例链接

不该延误的52分钟

某航班上，一个旅行团上了飞机。其中一位老人看到自己座位上方行李架上放满了东西（机载应急设备），就将行李架上的防烟面罩连同套子取下，放在地板上，将自己的行李

模块八　航空职业形象的实操及应用

放在该应急设备的位置上。2号乘务员发现后，未调查设备移动的原因，就直接报告乘务长，且报告内容过于简单，造成乘务长判断失误，认为机上情况失控。乘务长未再次确认就报告给了机长，机长接到报告后，立即通报地面处理。最后该旅行团导游被带下飞机，造成航班延误52分钟。

由于未弄清楚事情的真实原由，在处理过程中，机组之间、乘务组与乘客之间语言沟通又不到位，激起了周围其他乘客的十分不满，对抗情绪浓厚，抱怨声不断，一时间客舱内秩序混乱，难以平息，导致乘务组一直处于被动状态，给接下来的客舱乘务工作造成了一定的困难。

乘客违反安全规定要制止，但要注意方法，尽量避免矛盾激化，矛盾激化了只会造成更多的冲突。另外处理手段应视乘客行为带来的后果（是否危及飞行）及乘客行为的性质（无意/恶意）而定。

为避免此类事件再次发生，乘务员在迎客时应注意观察，及时制止乘客的不当行为。如果乘客将机上设备拿下来放了自己的行李，乘务员应巧妙的询问行李的主人是谁，然后帮他找一个妥善的存放行李的位置，最后再礼貌地向他解释此位置是用于存放应急设备的，不能放置个人行李，希望乘客能够理解与配合。

案例点评

从这个案例中，可以看到乘务员与乘客间的沟通严重缺失。乘务员仅凭自己盲目且主观的判断，导致事态的不断升级。因此客舱乘务人员在处理任何事情时，都要沉着冷静，与乘客间做好及时准确地沟通，并且要理智行事。

三、课外实操练习

1. 自我练习

（1）对镜练习 对着一面镜子练习站姿、坐姿、行姿、蹲姿，还有发型、妆容、服饰的造型及搭配。一边做着，一边要思考老师在课堂的指导方法，这样才会做得更好。

（2）观察身边人 学会观察身边人，观察他人的行为习惯、言谈举止，还有日常的饮食保养等。并且要学会多问问自己，他们的这些做法是不是也能够"适合我"，"我是不是也应该向他们这样"。通过观察他人，找到值得学习与参照模仿的榜样依据，对自身不正确的做法进行合理的纠正。

（3）随时保持 应该把课堂实操训练的标准做法融合在生活当中。例如，日常走路的姿势、坐姿、蹲姿等，时刻保持。而不是课堂一个样，下了课又一个样，学了不用等于白学。当想用时，就不一定会找到课堂上有老师指导下的感觉了。所以应该随时注意"边学边用，学用结合"，才能"学了不忘，学而有用"，形成良好的形象保持习惯。

2. 互助练习

互助练习是课堂练习的必要补充与加强。同座位、同宿舍、好友之间进行互助指导与纠正的实操练习。

（1）了解缺点　室友是朝夕相处的同学，互相都比较了解对方的生活习惯，所以在看待对方缺点时，也比较明显。例如，走路时弯腰驼背、坐姿不正、喜欢吃油腻的食物等。室友们在一起时，应该相互告知与指点，帮助改正。

（2）学友互助　在学习一个姿势或一组动作时，必须互相监督，观察对方完成动作是否标准。在比较困难的动作时，互相加油打气，以保持练习得更有效果。

（3）请教他人互助　"术业有专攻"，每个人所熟练的程度不尽相同，所以要敢于请教别人，得到帮助。还有学习他人擅长的基本功，例如，修炼拉丁舞、肚皮舞、瑜伽等，以达到很好的形象保持及训练目的。

（4）监督和进步　在课堂外，为自己制定合理的计划，最少每周三次的互助训练活动。有条件的话，可以多人一起，一次性完成所有的训练内容，互相督促和进步。

四、参评实操训练

1.形象比赛的具体方法

"有比较才有鉴别"，开展各种类型的形象比赛是提升形象的有效途径之一。比赛可以是院系班级之间、年级之间、小组之间的，或者是各院校专业之间开展。通过比赛的参与及评选，达到激励大家对形象塑造的参与热情及关注度。

（1）班级形象比赛（单式赛）

① 形式　由参与的各个小组或小组成员个人报送形象展示节目。

② 评委　邀请专业教师、院系领导、就业办人员参与。

③ 赛制　各评委打分之和，决定胜负。邀请班级成员现场点评。

④ 奖项　根据得分情况，最终评选出一、二、三等奖。

（2）院校间形象竞赛（多式赛）

① 赛制　院校邀请赛或由单位牵头组织的规则式竞赛。限定参与人数，分初赛及复赛，或者是多轮制淘汰赛。根据设置的竞赛环节，进行个人形象展示、集体形象展示。综合起来得分高者取胜。

② 评委　邀请航空专业人士、其他相关人士参与。

③ 投票　有条件的话，可以邀请一定人数的观众参与现场投票。

④ 奖项　根据得分高低，评选出个人，集体一、二、三等奖以及其他预设的各个单项奖。

2.比赛的要求及注意事项

（1）仪表与仪态　关注仪态、体态、语态塑造，特别是手势及面部表情。

（2）修饰与仪容　妆容、发型整洁干净，符合形象要求。

（3）服饰装扮　男士着西装制服、打领带，女士穿裙装制服、戴丝巾。

（4）鞋袜搭配　男士穿黑色皮鞋及深色袜子。女士穿黑色高跟皮鞋及长筒丝袜，袜子颜色与制服搭配，长短是裙边遮住袜口，并配足备用袜。

（5）交流艺术　比赛对象也是互相的学习对象，同台竞技、虚心学习、相互交流。

（6）端正心态　要本着与别的队友间"友谊第一，比赛第二"的心态进行比赛，绝不能只是为了拿到名次，而失去了在比赛中取长补短的真正目的。

（7）借鉴学习　在比赛中多学习别人的优点，看到其他队友的长处，这样才能通过比赛活动，更好地促进对自我形象改进与提升的正确认知。

3.赛后总结

参加完形象比赛后，一定要及时进行赛后的总结及评价。进行班级内、小组成员内的总评，听取老师及其他同学的观点和意见，找到形象比赛中的不足之处，以后努力改进、提高。成绩优异是对自己的肯定，更能增强自己的职业信心，朝着心中的职业目标前行。成绩不理想，也不可灰心丧气，一定要学会查找、对比。可以积极地赶追在自己前面的人，也可以把心中的理想落实在可行、理性的就业规划中，找准个人前进的方向定位。

认识到形象竞赛最重要的是通过比赛查漏补缺。知道自己的薄弱部分，学会迅速转变，并对弱势部分加强，以保证职业形象的提升。任何使自己显得不够职业化的表面现象，都会被人认为只适合出入教室，而非职业场所。因此，如果想未来拥有自己喜欢的工作，就要为此而奋进、努力。

在比赛中展现真我风采的另外一个重要因素便是自信。人因自信而美丽，懂得把"真我"的一面展露出来，外表、内涵和肢体语言的真挚融合为一，哪怕不够漂亮，不够优雅，却体现出一种独特的自然魅力，真我风采便无人能挡。

任务二　公共服务训练

要点提示

中国是崇尚人文礼节的国家，扶老爱幼、尊师敬长是我们的传统理念，除了常规的地面服务及客舱乘务外，航空职业形象在其他公共领域里的应用同样十分重要，特别是在现在的社会人际交往中一刻也离不开形象的塑造。

通过本任务的学习，掌握航空职业形象中规范的行为举止在其他公共领域里的应用，让航空职业形象在航空服务工作及社会交往中更加地尽善尽美。

一、电话问询服务

1.电话问询服务的形象要求

电话问询服务属于航空服务中的"隐形服务"，服务人员与乘客之间只是声音的接触，虽然双方是时时地进行航空服务沟通，但并不是真实地见面。尽管是处在这样的服务状态中，航空职业形象依然重要。

（1）电话问询服务人员的发型、妆容、服饰，遵守航空公司规定的职业形象的标准要求。女士长发盘起，戴公司统一配发的发网及头饰，留标准短发，前不遮眉，侧不盖耳，后不过领，干净、整洁、无异味。男士标准短发，不留鬓角、不剃光头，不留怪异发型。

（2）着制服，平整、干净，皮鞋光亮无破损。女士佩戴丝巾。

（3）佩戴机场工作证件，工作号码牌。佩戴方式与地面值机人员相同。

（4）接听乘客问询电话，要耐心、周到、态度和蔼，语气、语速温和适中。

（5）接听电话时，坐姿端正，需要记录时，左手拿话筒，右手拿笔。

2.电话问询服务的具体方式

（1）电话铃响三声内，服务人员迅速拿语筒起接听，主动问候并报上服务处名称。例如，"您好！我是首都机场T2航站楼东航问讯处，请问您有什么需要帮助的？"或者"您好！您要了解的航班情况，我已经帮您查过了，由于××原因……"

（2）如果铃响超过三声，接听后马上说"抱歉，请您久等了"。

（3）对方询问的问题确实不知道，需要向对方委婉地说明情况。例如，"对不起，您需要了解的航班起飞时间现在还没有确定，请您1小时后再来电话好吗？"

（4）需要留下问询者的电话，要征求对方同意。例如，"×先生（女士），您方便留下联系电话吗？我得到航班信息及时通知您"。

（5）当遇到心情急躁的问询者时，千万不要被对方的情绪所影响，要沉住气，心平气和地向对方解释或回答航班问题。例如，"请您不要着急，再耐心地等候一下，一有新的消息我马上通知您"。

二、要客服务

1.做好要客服务的意义

随着中国经济的强盛发展，我国与国际间的交流交往活动日益频繁，政界、商界、学术界、演艺界等一批批重要的乘客乘坐飞机来去，无疑民航运输部门承载着繁忙的迎送服务工作。如何做好要客的服务，不仅关系到航空职业形象，也是中国对外整体形象的延伸与展示，绝不可轻视。

按针对要客的服务，其中包含有对一类VIP（指国家级最重要乘客，包括国家主席，国务院总理，国务委员，国外元首、政府首脑等）、二类VIP（指一类外的其他重要乘客）、VIP国家级一般重要乘客（国内外正副部长级党政要员，军队领导，港、澳特别行政区首席执行领导等）要客的礼宾保障服务与细微服务。

2.要客服务的形象要求

（1）仪表仪容要求　总的来说，精细修饰、端庄高雅。

① 发型

a.按照航空职业形象中的长、短发标准要求执行。

b.保持头好的整洁干净、无异色、无异味。

c.女服务人员盘发时须戴发饰，使用黑色发夹，前额不留刘海。

d.男服务人员标准短发，不允许留其他发型。

② 妆容

按照航空职业形象中的妆容要求进行面部和颈部的细致修饰。

③ 服饰

a. 保持制服的干净、平整、无褶皱、无汗渍、无异味。

b. 男服务人员着衬衫时不得将袖口卷起，要系好领扣与袖扣，着西装外套时必须系好纽扣。领带必须系得端正、饱满，与衬衣领口相吻合，领带夹在第四与第五个纽扣之间，如穿毛衣或毛背心时，领带要放在毛衣或毛背心里面。

c. 女服务人员要佩戴丝巾，常用简捷系法，结打在衣领后；着套裙时，必须穿长筒丝袜，颜色与服饰搭配协调，有破损时及时更换。

d. 冬季在室外迎送要客时，服务人员可穿大衣制服、戴围巾、手套，但不允许戴口罩。

e. 不允许穿色彩鲜艳，或带有网格、明显花纹的袜子。

f. 严格按照航空职业形象规范要求中的饰品佩戴标准执行。禁止佩戴手镯、手链、颈圈、脚链、耳坠等其他饰物。

④ 口气、体味、手部要求

a. 保持口气清新，上岗前不允许食用带有异味的食物，如葱、蒜、韭菜等。

b. 保持口腔清洁，用餐后要及时漱口，牙齿、牙缝无残留物。

c. 保持体味清新，无汗味。

d. 保持手部干净，无异色、无斑点、无抽烟痕迹。指甲修剪整齐，长度不超过指尖2毫米，禁止染指甲或带假指甲。不用香味刺鼻的护肤品。

（2）工作牌佩戴要求　　端正规范、准确无误。

① 男服务人员的工作牌佩戴在左上口袋边沿上方的中间部位。

② 女服务人员的工作牌佩戴在上衣的左上方。

③ 隔离区工作证佩戴在胸前明显部位，正面朝外，并主动接受验证人员的检查（超过机场安全检查的区域称为隔离区，进出隔离区迎送要客服务的服务人员都要佩戴由机场公安局办理的隔离区证件）。

（3）服务用语要求

① 使用服务敬语，要求礼貌主动、诚恳亲切、自然大方，语言表达准确、音量适中、口齿清晰、发音标准。例如，"李总裁您好！您乘坐的国航××次航班预计×时×分起飞，我会提前20分钟通知您登机。""张部长早上好！请把您的身份证给我，我去给您办理登机手续。"

② 服务人员在为要客服务时要称呼其职务，例如，"李部长"、"王总"等；对国家政要可亲切地称呼为"首长"；对要客的夫人可称呼为"夫人"；对陪同人员可称呼其职务，例如，"张秘书"等。

③ 对外宾的称呼要尊重其本国的习惯称呼，例如，"陛下"、"殿下"、"亲王"等。

④ 如遇飞机延误，需要向对方解释原因，请求对方谅解。例如，"对不起王总，您乘坐的××次航班由于天气原因延误××分钟，起飞时间确定后我会尽快通知您。"

3. 迎送服务要求

迎宾服务人员要提前了解要客的身份信息，带着对讲机，提前到达贵宾停车场，准备迎接礼宾车辆。

（1）开启车门服务　　车辆到达时，迎宾服务人员主上前帮助打开车门。左手为要客打开车门，右手放于车门上方，五指并拢、身体前倾，要客下车或上车后帮助关上车门。

图8-31所示为模拟开启车门服务。

图8-31　模拟开启车门服务

（2）迎宾问候

① 要客下车，迎宾服务人员要亲切提示，例如，"李总小心"、"王总慢点"。

② 如遇雨雪天气，要做安全提醒，如"注意脚下"，并帮助其打雨伞。

③ 如天气较冷时，要提醒穿好外套。例如，"李总今天风大，您最好把外套穿上。""王总外面天气寒冷，您最好穿上大衣。"

④ 要主动地帮助要客提拿行李。

（3）门口引导　要客到达贵宾室门口时，迎宾员走出迎门台右侧一步，向宾客行30度鞠躬礼问好，并引导宾客进入预定的休息室。

图8-32、图8-33所示为模拟贵宾室门口迎宾。

图8-32　模拟男士迎宾　　　　图8-33　模拟女士迎宾

模块八　航空职业形象的实操及应用

4. 引导要客通过安检

（1）如果要客在候机楼门口下车，迎宾员要准备好贵宾通行证和对讲机，提前5分钟到达贵宾室门口迎接。

（2）要客到达后迎宾员要主动问候。例如，"您好！请问您是×行的李总吗？"并向要客作自我介绍，如"李总您好！我是贵宾室的小王。"

（3）确认无误后帮助挂好贵宾通行证，并接过要客的身份证及行李引导至贵宾专用安检通道。若是享受免检的要客，不需要经过行李与身体的安全检查。

（4）帮助乘客办理登机及行李托运手续。

5. 要客服务中的引导手势

"八位手势"是目前为止对要客服务中的标准手位，通过模拟实操训练，可以很好地掌握引导手势的标准规范动作，更好地展现航空服务人员的形象。

（1）"一位手" 是指要客起身向前行进时的礼貌提示及方向指引。

① 身体保持基本站姿，左手放于身后腰部，右手从右侧抬起，大臂与小臂成90度，小臂与地面平行。右手心在垂直于地面的基础上向上翻45度。

② 目光朝向右手尖所指方向。

③ 配合礼貌语言："您这边请！"

图8-34所示为模拟"一位手"。

图8-34　模拟"一位手"

（2）"二位手" 是要客需要走楼梯下行时的礼貌提示及手势指引。

① 身体保持基本站姿，左手放于身后腰部，右手从右侧抬起，大臂与小臂向下成160度，右手心在垂直于地面的基础上向上翻45度。

② 目光朝向右手尖所指方向。

③ 配合礼貌语言"您注意脚下，慢走！"。

图8-35所示为模拟"二位手"。

图8-35 模拟"二位手"

(3)"三位手" 是要客需要走楼梯上行时的礼貌提示及手势指引。

① 身体保持基本站姿,左手放于身后腰部,右手从右侧抬起,大臂与小臂向上成60度角,右手心在垂直于地面的基础上向上翻45度。手与臂在同一条直线上。

② 目光朝向右手尖所指方向。

③ 配合礼貌语言"请您从这边上楼!"。

图8-36所示为模拟"三位手"。

图8-36 模拟"三位手"

(4)"四位手" 是要客的行进方向需要改变时的礼貌提示及手势指引。

① 身体保持基本站姿,左手放于身后腰部,右手抬起到胸前,大臂与小臂向上成90度,小臂与身体保持一拳距离,右手心在垂直于地面的基础上向上翻45度。

②目光朝向右手尖所指方向。

③配合礼貌语言"您这边请！"。

（5）"五位手"　是要客需要走楼梯下行时的礼貌提示及手势指引。

①站在楼梯口一侧距楼梯1米处。

②身体保持基本站姿，左手放于身后腰部，右手抬起到体前，大臂与小臂向下成160度，小臂与身体保持一拳距离，右手心在垂直于地面的基础上向上翻45度。

③目光朝向右手尖所指方向。

④配合礼貌语言"请您从这边下楼！"。

图8-37、图8-38所示为模拟"四位手、五位手"。

图8-37　模拟"四位手"　　　　图8-38　模拟"五位手"

（6）"六位手"　是要客需要走楼梯上行时的礼貌提示及手势指引。

①身体保持基本站姿，左手放于身后腰部，右手抬起到体前，大臂与小臂向上成60度，手与臂在同一条直线上。右手心在垂直于地面的基础上向上翻45度。

②目光朝向右手尖所指方向。

③配合礼貌语言"请您走这边上楼！"。

（7）"七位手"　是示意在侧面比较高处的物品。

①身体保持基本站姿，左手放于身后腰部，右手从右侧抬起，大臂与小臂向上成160度，小臂稍稍向上弯曲，臂弯与下巴高度平行，右手心在垂直于地面的基础上向上翻45度。

②目光朝向右手尖所指方向。

③配合礼貌语言"请您这边看！"。

(8)"八位手" 是示意在正面比较高处的物品。

① 身体保持基本站姿,左手放于身后腰部,右手抬起到体前,大臂与小臂成120度,右手高度略高于头顶,右手心在垂直于地面的基础上向上翻45度。

② 目光朝向右手尖所指方向。

③ 配合礼貌语言"请您这边看!"。

图8-39～图8-41所示为模拟"六位手"、"七位手"、"八位手"。

图8-39 模拟"六位手"

图8-40 模拟"七位手"

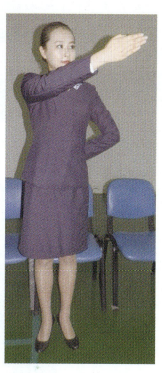
图8-41 模拟"八位手"

6. 引导方位及速度

(1)与要客双方并排行进时,服务人员应位于要客的左侧,间隔50～80厘米为宜。

(2)引导行进时,应位于要客的左前方1.5米左右是合适。

(3)服务人员行进的步伐与速度,与要客的行进速度始终保持一致,才能保持彼此双方的一致距离。切勿走得太快或太慢。

7. 进出贵宾室

要客到机场后,一般都要进入预定的贵宾室休息候机,服务人员要多次进入贵宾室提供饮品、毛巾等服务。掌握好礼貌的开门、关门服务动作十分必要。

(1)服务人员需要进行要客休息室,必须敲三下门,节奏平稳,声音大小以休息室贵宾能够听见为宜,起到通报的作用。

(2)进入休息室后不能转身关门,而是身体面向要客,用手伸到背后轻轻把门关上。当离开休息室时,走到休息室门口,然后转身面向要客退出,再轻轻把门关上。

图8-42、图8-43所示为模拟开、关贵宾室门。

图 8-42　模拟开贵宾室门

图 8-43　模拟关贵宾室门

8. 托盘服务动作

（1）端托盘　要客服务的托盘以圆形为宜，使用时必须垫好托盘垫纸或配套的专用布垫，以防止滑落。物品放在托盘中间比较好掌握重心的平衡。

图 8-44、图 8-45 所示为模拟端托盘正面及侧面。

（2）端茶水　左手小臂抬至身前，大臂与小臂成 90 度，小臂、手腕与手面成一条直线，手面向上，五指张开，手心下凹。将托盘置于左手上，使左手处于托盘下方的中间位置，右手扶在托盘边缘，以控制托盘的平衡。

① 行进步伐不能太快，要保持平稳。行进中目光平视，只可用眼睛的余光确认托盘中杯子的状态，而不能只盯着托盘。用微笑和目光与要客示意打招呼。

② 托盘始终保持平衡状态，任何时候都不能歪斜或竖拿（空盘也不可以）。

图 8-44　模拟端托盘正面　　　　图 8-45　模拟端托盘侧面

（3）送茶水　站在距茶几 15 厘米处，使身体正面与茶几平行，同时位于客人的斜前方。双腿自然弯曲，双膝并拢自然下蹲，身体要保持重心，不要前后左晃动。

① 右手拿茶杯的把手提送。将茶水放到布碟（放好布垫的茶杯碟）中间。

② 右手轻转布碟一次，使茶杯把手与贵宾右手的位置成 45 度角。

③ 面带微笑，目光与所服务的要客交流。

④ 摆放好之后，伸手示意。例如，"×部长打扰了，这是您喜欢的茉莉花茶，请慢用。"

（4）送毛巾　要客进入贵宾休息室 2 分钟内送上，5 分钟撤下。姿势参照送茶水。

① 右手从托盘中拿出毛巾框，左手向外侧打开托盘，使之与身体成顺时针 45 度角。

② 右手将毛巾框放在布碟（放茶水用的杯垫）的后方（客人面对方向）或侧方（由客人的位置决定），使之与布碟间的距离为 5 厘米，并与客人的手臂平行或垂直（由客人的位置决定）。并目视要客面带微笑伸手示意。

图 8-46 所示为模拟送茶水。

图 8-46　模拟送茶水

三、商务会议活动

1. 会议形象

（1）会议主持人

① 主持人应衣着整洁、庄重大方、精神饱满。如果是站立主持，应双腿并拢，腰背挺直。坐姿主持，应身体挺直，双臂前伸，双手轻按于桌沿。

② 言谈清晰，思维敏捷，简明扼要。不出现"嗯"、"呢"、"咳"等语气词，禁止搔头、揉眼等不雅动作。

③ 主持人还要根据会议的性质，调节会议气氛。对会上的熟人不能打招呼，更不能寒暄闲谈，可在会前或休息时点头、微笑表示真诚致意。

（2）会议发言人

① 正式发言人，应衣冠整齐，走上主席台应步态自然，刚劲有力，体现一种成竹在胸、自信自强的风度与气质。发言时应口齿清晰，讲究逻辑，简明扼要。如果是书面发言，要时常抬头扫视一下会场，不能低头读稿。发言完毕，应对听众的倾听表示谢意。

② 自由发言人则较随意。应要注意，发言应讲究顺序和秩序，不能争抢发言。发言应简短，观点应明确。与他人有分歧，应以理服人，态度平和，听从主持人的指挥，不能只顾自己。

③ 如果有会议参加者对发言人提问，应礼貌作答。对不能回答的问题，应机智而礼貌地说明理由。对提问人的批评和意见应认真听取，即使提问者的批评是错误的，也不应失态。

（3）会议参加者

① 一定要养成顾全公司大局的习惯。不论是参加部门内部的会议，还是参加其他部门或其他公司的会议，在参加会议之前，要做好准备。

② 开会前，如果临时有事不能出席，必须通知对方。参加会议前要多听取上司或同事的意见，做好参加会议所需资料的准备。

③ 开会的时候，发言要应简明扼要。在别人发言时，不要随便插话，破坏会议的气氛。开会时不要说悄悄话和打瞌睡。没有特别的情况不要中途退席，即使要退席，也要征得主持会议的人同意。

④ 利用参加会议的机会，与各方面疏通，建立良好的人际关系。

2. 引导服务形象

（1）楼梯的引导　引导客人上楼时，应让客人走在前面，服务人员走在后面。若是下楼时，应该由服务人员走在前面，客人在后面。上下楼梯时，应注意客人的安全。引导客人上下楼的要求按照"八位手"标准。然后将手势收回跟客人说明，要去的办公地点所在楼层，要走的方向，或者搭乘的电梯。引导的动作要优雅完整，仪态优美，声音悦耳，使人感受到服务人员内在的精神和热忱，这样会令客人感觉良好。

（2）电梯的引导　引导客人乘坐电梯时，接待人员先进入电梯，等客人进入后关闭电梯门，到达时，接待人员按"开"的钮，让客人先走出电梯。

（3）座位的引导　客人走入客厅，服务人员用手指示，请客人坐下，客人坐下后，行点头礼后离开。如客人错坐下座，应请客人改坐上座（一般靠近门的一方为下座）。

3. 交际交往形象

（1）握手

① 握手的顺序　主人、长辈、上司、女士主动伸出手，客人、晚辈、下属、男士再相迎握手。但如果一方伸出了手，对方都应不迟疑地回握。

② 握手的方法　握手时，距离受礼者约一步，上身稍向前倾，两足立正，伸出右手，四指并拢，拇指张开，向受礼者握手。

③ 握手的姿态　握手时掌心向里，显示出谦卑与毕恭毕敬，如果伸出双手去捧接，则更是谦恭备至了。平等而自然的握手姿态是两手的手掌都处于垂直状态，这是一种最普通也最稳妥的握手方式。

④ 握手的注意事项　握手时应伸出右手。男士在握手前先脱下手套，摘下帽子，女士可以例外。当然在严寒的室外有时可以不脱，如双方都戴着手套、帽子，这时一般也应先说声"对不起"。握手者双目注视对方，微笑，问候，致意，不要看第三者或显得心不在焉。

（2）交换名片

① 递交名片

a. 递交名片要双手递过去，以示尊重对方。

b. 将名片放置手掌中，用拇指夹住名片，其余四指托住名片反面。名片的文字要正向对方，以便对方观看。

c. 如果对方是外宾，最好将名片上印有对方认得的文字的那一面面对对方，同时讲些友好客气的话。

d. 在递交名片时动作要从容，表情要亲切、自然（应当事先将名片放在身上易于掏出的位置，然后再在适当的时机得体地取出交给对方）。

图8-47所示为模拟递接名片。

图8-47　模拟递接名片

e. 与多人交换名片时，一定要注意讲究先后次序。切不可像散发传单似的乱发一气，这种名片往往被认为没有价值。

② 接受名片

a. 接受他人名片时，应恭恭敬敬，双手捧接，并道感谢。

b.接到名片以后,要认真地观看对方的名片,如果可能的话,还要读出来对方的称位和职务。
　　c.名片不能折,可能的话最好放在名片夹里面,如果没有,就放在上衣口袋里面或包里,或者放在自己面前。
　　d.接受名片的时候,应该主动把自己的名片给对方,也一样要用双手。如果对方索要名片,而恰好又没有名片时,可以说名片用完了或者忘记带。
　　③索取名片
　　a.除非有特殊的原因,否则不要强索他人名片。
　　b.如果想要索取他人名片时,不宜直言相告,而应委婉表达,或可向对方提议交换名片,并主动递上本人的名片,这样出于礼貌,对方也会拿出自己的名片。
　　c.当他人向自己索取名片时,自己不想给对方,不应直截了当地拒绝,而应以委婉的方式表达。如"抱歉,我忘带名片了。"或"对不起,我的名片用完了。"

任务三　航空职业形象的自我维护与修复

要点提示

　　生活中,人们对航空服务人员的认知只是漂亮的外表、高挑的身材,但对于一个专业的航空服务人员来讲,仅仅拥有这些是远远不够的。外形条件较好,应聘时往往具备一些外在的优势,而在竞争越来越激烈的时代下,航空公司招聘的门槛也会越拉越高,对形象内涵的把握就显得尤其重要。
　　通过本任务的学习,清楚内外在形象维护与修复的必要性,时时为形象提升作努力,在此基础之上,进一步地加深对形象塑造的深度把握。

一、维护与修复的必要性

1.外在形象的维护与修复

　　(1)外在形象的内容　形象又称为样子、外貌。外在形象一般指外表、言谈举止、穿衣打扮的总称,而航空服务人员的外在形象就更加具体化了。
　　航空服务人员的外在形象要求:为头发干净、整洁,妆容大方、得体,服饰规范、适宜,举止优雅、从容,微笑服务等。
　　(2)外在形象的重要性　现实中,大多都是通过直观的感受,去对一个陌生人做出评价。就像我们去飞机场候机楼,一般会选择坐在一位西装革履、举止得体的男士旁边,而避开那些衣冠不整、满口脏话的人。虽然完全不认识他们,但还会有最终的选择。
　　所以,一个人外在形象的好坏,可以影响到其工作生活的成功或失败。一个好的形象,无形中会大大地提升自己各方面的自信；而一个坏的形象也会破坏掉已有的信心。航空服务人员只有通过对自身形象的高要求，进而取得事业发展的持续成功。

（3）航空服务人员外在形象的影响　对于航空服务人员来讲，面对的乘客绝大部分都是陌生人，与陌生人拉近关系的最好方法就是良好的外在形象、得体的服务举止。职业化的形象是航空服务人员外在形象最直观地表现，良好的职业形象传达给乘客的是专业的态度，严谨的工作表现。由此可见，加强与维护好个人的外在形象有多么地重要。

（4）提升自我的外在形象　外在形象的养成，除了先天条件的影响，更主要还是气质的培养，举手投足均能给人亲切感。学会接受自己的容貌，对别人信任和关心，仪态端庄、充满自信；保持幽默感，不要惧怕显露真实情感。有困难时，应向他人求助。不要斤斤计较，不要自恃清高，不要卖弄聪明。时时关注形象，保持形象的完整度。

（5）正确地维护好外在形象　作为一个航空服务人员，应该是体态优雅、身姿轻盈、举止大方、笑容可亲。所以要随时保持良好的体型，随时随地保持面容的干净整洁，无纰漏。更重要的是应该保持一个正确的学习心态，多读书，腹有诗书气自华，满足工作需求。

2. 内在形象的维护与修复

（1）内在形象的内容　内在形象是由内而外散发出来的气质，是一个人的综合表现。包括性格特点，待人接物的态度，说话的语调与口气以及世界观、价值观、人生观等。

航空服务人员的内在形象要求：有着热情开朗的性格，待人亲切有礼；有吃苦耐劳的精神，工作任劳任怨；有良好的服务意识，岗位尽职尽责；掌握最合适的说话技巧，关怀细致；等等。

（2）内在形象的重要性　好的外在形象会给他人留下好的印象，但是好的内在形象才会得到别人从不同的角度欣赏，更容易建立融洽的关系，更容易得到别人信任。作为一名航空服务人员，好的内在形象，不仅能帮助自己的心理贴近乘客的心理，更能帮助自己在工作过程中如鱼得水。

（3）航空服务人员内在形象的影响　在通过感性的认知后，人们往往都会进入理性的阶段，而且这个阶段也更加重要。人与人交往会选择和性格开朗，热心肠，有耐心的人交往，而不会选择与孤僻、小气的人深交，这都是人的内在形象需要所决定的。

好的外在形象可以拉近和乘客的关系，但是良好的内在形象才是真正搭建互相理解的桥梁。热情开朗的性格，对待工作会有着积极乐观的态度，吃苦耐劳的精神。当理想中的美好空姐生活被现实辛苦的工作打破后，依然能认真负责，勤勤恳恳地做好工作。良好的服务意识，是决定服务质量的主要因素，能在市场竞争中赢得更多乘客。掌握最合适的说话技巧，一句动听的话，会给航空公司带来更多的回头客；而一句难听的话，会使乘客永远不再乘坐这家航空公司的飞机。

（4）如何加强和维护好内在形象

① 提升自我的内在形象　首先要做到更加了解自己，在了解自己的基础上，才知道自己存在哪些，在不足的地方做多方面的加强。另外学会真正地热爱自己的本职工作，这样才能做到任劳任怨。在工作过程中，并不断地积累自己，使自己不断地成长。

② 正确地维护内在形象　维护内在形象，最主要就是控制自己在生活和工作中产生的不良情绪，用"健康"的心态，使自己保持在一个积极向上的状态当中，并通过不断地加强专业知识技能，使自己在工作过程中更加得心应手。

形象欠妥引纠纷

飞机下降安全检查时，22排A/C座的两位乘客还在打扑克，乘务员上前提醒乘客飞机已经降落，请他们将小桌板收起。这时C座的乘客说："没有关系啦！"二人没有收桌板的意思。乘务员便跟他们解释："再过几分钟飞机就要着陆了，为了安全，还是先请您将小桌板收起来。飞机落地后会有种惯性，小桌板正好对着胸腹部，万一发生紧急状况是很危险的，而且还堵住了A座乘客的通道。"C座的乘客仍然不听劝告，乘务员见状，二话不说，便手将扑克牌收好交给A座乘客，并扣上了小桌板。C座乘客马上嚷道："你们的服务实在太差了！一个航班就送一包小吃，来打发我们。"乘务员对他解释到"因为这不是用餐航班，所以没提供餐食。"乘客又用方言嘟囔了几句，乘务员觉得他是在无理取闹，故意找茬，便不自觉地脱口而出："你说什么？！"且说话时语气生硬，表情严肃。

谁知当乘务员的话刚出口，这时C座的乘客更加生气，大声要投诉。眼看就要争执起来，乘务员这才感到事态发展有些不对，便向他们道了歉，事情就此平下来，乘客也没有投诉。

案例点评

客舱安全问题不可忽视，但规范乘客行为一定不能用简单生硬的态度来处理，掌握灵活多变的服务方式来面对乘客，矛盾冲突自然就会化解。

二、航空职业形象中的辅助要素

1.航空专业知识对航空职业形象的帮助

（1）航空专业知识的作用及意义　掌握扎实的航空专业知识，对于航空服务人员是非常有必要的。专业知识会让我们更加具有专业的服务态度及服务水平，当在工作中遇到问题时，才能更快的找到最合理的解决办法，也能够帮助我们去理解与了解乘客的真实需要。

航空专业知识，是经过严格审查的内容，在工作过程中能形成一定的规律性、抗变性。航空专业知识针对航空领域的工作环境，制定了一系列需要掌握的知识和技能。其内容同时也具有宽泛性和具体性。宽泛性要求我们掌握在工作中能运用到的各种技巧与方法；具体性针对航空服务人员工作中的点点滴滴。因为航空服务本身具有抽象性及无形性。专业知识也是看不见、摸不着，但要求在学习的过程中，把这些无形的专业知识融合在恰当的服务工作过程中。

（2）航空专业知识在工作中的具体体现　通过专业的知识学习，沟通技巧、服务意识、敬业精神、吃苦耐劳能力越来越好，或者说是越来越符合民航服务的气质，在工作过程中，这些能力也是能帮助我们工作的专业工具。

没学过开飞机就不可能开得了飞机，没有过硬的航空专业知识作支撑工作的保障基础，航空服务工作就难有到位的水平可言，更不可能达到专业化、规范化、标准化的航空服务要求。

例如，在飞行过程中，要想脚踏实地服务广大乘客，必须用航空公司要求的专业知识和专业的服务用语进行对客的服务操作。安全演示、广播提示语、餐饮提供、茶水送给、照顾病人、服务好儿童和老人，还有飞机起飞、降落过程的对客服务需要以及紧急情况下的应变处理等，都需要每一位空乘人员具备优良的专业知识及专业素养，才能应对周全，做好乘务工作。

（3）专业知识对于工作的具体帮助　遇到突发状况时，要一马当先、责无旁贷地挑起重任。能做到这些的关键，在于对专业知识的不断积累，这样才能在遇到问题时，立刻想到最合适的解决方案。

近年来，我国民航业得到了迅猛的发展，取得了可喜的业绩，与此同时，来自国内外的行业竞争也越来越激烈。要想在竞争中立于不败之地，进一步地强化专业知识就成为了航空服务工作重中之重的关键。

2.个体性格对职业形象的影响及修复

（1）认识性格　人的性格千差万别，不同的人有着不一样的性格特点。如果一个人能够了解自己性格中有哪些优缺点，就可以在为人处事中学会将优点发扬，将缺点回避，做到一俊遮百丑，更会受到他人的尊敬和爱戴。对于航空服务人员而言，掌握与克服个人性格中的不足，就可以在工作中更加地得心应手。

什么是性格呢？恩格斯曾说，"人物的性格不仅表现在他做什么，而且表现在怎么做。""做什么"说明一个人追求什么，"怎么做"则说明一个人用什么样的行为去追求所要达到的目标。

（2）性格的特征

① 情绪特征　性格的情绪特征是指个体在情绪表现方面的心理特征。在情绪的强度方面，有的情绪强烈，不易于控制；有的则情绪微弱，易于控制。在情绪的稳定性方面，有人情绪波动性大，情绪变化大；有人则情绪稳定，心平气和。在情绪的持久性方面，有的人情绪持续时间长，对工作学习的影响大；有的人则情绪持续时间短，对工作学习的影响小。在主导心境方面，有的人经常情绪饱满，处于愉快的情绪状态；有的人则经常郁郁寡欢。

② 意志特征　性格的意志特征是指个体在调节自己的心理活动时表现出的心理特征。自觉性、坚定性、果断性、自制力等是主要的意志特征。

自觉性是指做事有明确的目的、行动的步骤及方法，能克服困难，始终如一地执行计划。坚定性是指能采取一定的方法克服困难，以实现自己的目标。果断性是指善于在复杂的情境中辨别是非，迅速作出正确的决定。自制力是指善于控制自己的行为和情绪。反之，则会体现出它们的对立面。

③ 理智特征　性格的理智特征是指个体在认知活动中表现出来的心理特征。在感知方面，能按照一定的目的任务主动地观察，属于主动观察型；有的则明显地受环境刺激的影响，属于被动观察型；有的倾向于观察对象的细节，属于分析型；有的倾向于观察对象的整体和轮廓，属于综合型；有的倾向于快速感知，属于快速感知型；有的倾向于精确地感知，属于精确感知型。想象方面，有主动想象和被动想象之分；有广泛想象与狭隘想象之分。在记忆方面，有主动与被动之分；有善于形象记忆与善于抽象记忆之分等。在思维方面，也有主动与被动之分；有独立思考与依赖他人之分；有深刻与浮浅之分等。

④ 态度特征

a.表现为对社会、对集体、对他人的态度特征　积极的特征表现为爱祖国、关心社会、热爱集体、具有社会责任感与义务感，乐于助人、待人诚恳，正直等。消极的特征表现为不关心社会与集体，甚至没有社会公德，为人冷漠、自私、虚伪等。

b.表现为对学习、劳动和工作的态度特征　积极的特征表现为认真细心，勤劳节俭，富于首创精神。消极的特征表现为马虎粗心，拈轻怕重，奢侈浪费，因循守旧等。

c.表现为对自己的态度特征　积极特征表现为严于律己，谦虚谨慎，自强自尊，勇于自我批评。消极特征表现为放任自己，骄傲自大，自负或自卑，自以为是等。

（3）不同的性格特征，个性不同

① 个性　个性就是一个人整个的精神面貌，即具有一定倾向性的、稳定的心理特征的总和，是一个人共性中所凸显出的一部分。个性一词最初来源于拉丁语Personal，开始是指演员所戴的面具，后来指演员，一个具有特殊性格的人。一般来说，个性就是个性心理的简称，在西方又称人格。

② 个性与心理　个性贯穿着人的一生，影响着人的一生。正是人的个性倾向性中所包含的需要、动机和理想、信念、世界观，指引着人生的方向、人生的目标和人生的道路。正是人的个性特征中所包含的气质、性格、兴趣和能力，影响着和决定着人生的风貌、人生的事业和人生的命运。

狭义的个性结构成分包括需求、动机、理想、信念和世界观等。其中包括完成某种活动的潜在可能性的特征，即兴趣和能力。从广义方面来讲，还应包括心理过程（如认知、情感、意志等过程）和心理状态。心理状态包括表现在情感方面的激情和心境，注意力方面的集中和分散，意志中的信心和缺乏信心等。

个性倾向决定着人对现实的态度，是人对认识活动的对象的趋向和选择。个性倾向性主要包括需求、动机、兴趣、理想、信念和世界观。它较少受生理、遗传等先天因素的影响，主要是在后天的培养和社会化过程中形成的。

③ 性格和个性　性格是客观的，与生俱来的，而个性却具有极强的可变性和可塑性。个性中的主观性及可塑性离不开性格的制约，却又不局限于此。而总是能寻求机会，极大地丰富、拓展自己的个性，使个性在一个人的生活中呈现出迷人的魅力。

3.不同性格的优缺点

性格分为四种类型：活泼型、完美型、力量型与和平型。不同性格的优缺点归纳见表8-1。

表8-1　不同性格的优缺点

性格	活泼型	完美型	力量型	和平型
优点	善于劝导，看重别人关系	做事讲求条理、善于分析	善于管理、具有领导能力	恪尽职守、善于倾听
弱点	缺乏条理，粗心大意	完美主义、过于苛刻	缺乏耐心、喜欢独断	过于敏感、缺乏主见
反感	循规蹈矩	盲目行事	优柔寡断	感觉迟钝
追求	广受欢迎与喝彩	精细准确、一丝不苟	工作效率、支配地位	被人接受、生活稳定
担心	失去声望	批评与非议	被驱动、强迫	突然的变革
动机	别人的认同	进步	获胜、成功	团结、归属感

这四种性格不分好坏，它们就像色彩一样，不能说一种颜色比另一种更好看，如果世界上失去了任何一种色彩都将是遗憾的。而每个人的性格不是单一的，是由以上两种或两种以上的性格组成的，所以每个人都是独一无二的。以上四种性格代表了四种思维模式和行为模式，了解了自己，理解了别人，在人际交往中会轻松很多，这一点对航空服务人员尤为重要。

（4）修复性格中的不足

① 了解自己的性格　除了个人不断地用心观察与了解，逐步地对个人的性格进行分析，掌握性格中的一些特征外，一些专业机构也可以进行个性的测试。例如，通过谈话法、问卷法、测验法等专业测试工具与量表完成对个体性格的全面观测，发现性格中的一些普遍规律，从而根据其中的性格特性来很好地扬长避短。

② 分析乘客性格　除了要了解自己的性格外，最重要的是了解乘客的性格，通过观察乘客的言行表现，来找准适合乘客的服务技巧。

a.吊儿郎当型乘客　服务要点：服务速度要快，办事效率要高、不拖拉。避免与他们发生争执，出现矛盾应主动回避，不激怒他们。注意并提醒他们不要丢失东西。

b.狂妄自大型乘客　服务要点：顺从其意见，不要与之争论，给他们机会表现自己，不计较他们有时不顾后果的冲动言语。

c.啰嗦型乘客　服务要点：对他们主动热情的交往要诚恳相待，不要不理不睬，以满足他们爱交际、爱说话的特点。服务是要简明扼要地说明，让其接受，最忌辩论。

d.寡言型乘客　服务要点：安排座位尽量僻静，不要过多打扰。

③ 修正自己的性格　航空服务人员由于工作的需要，随时要与不同性格、不同层次的乘客打交道，所以必须具备宽容、自信、谅解、诚实、谦虚、热情、耐心等良好的性格特征。对于乘务人员而言，还要有独立能力、适应能力、事业心、责任心和恒心等性格品质。那如何培养出航空服务人员良好的性格呢？

a.加强文化修养　多学习、多吸取专业内外的知识养分。

b.加强心理素质培养　树立高尚的品格情操，少计较个人得失。

c.加强职业道德培养　爱岗敬业，虚心向前辈们学习，关注个人形象。

d.在实践中锻炼　在工作岗位上勤于奉献，不断地成长自己的专业水平。

4.成长环境对职业形象的影响及修复

一个人的成长环境能对自身的工作、生活及行为活动产生不可忽视的影响。分析成长环境对个体情绪性格的影响，是为了更好地帮助自己找到在航空职业形象建立中的健康因素，对形象的损伤进行恰当地修复，达到完美形象的目的。

（1）了解自己的成长环境　首先，农村孩子普遍比较朴实，上大学后，他们或多或少地需要一些时间来适应城市的环境，这其中面临着一些城市学生不可能有的困难和挑战。城里的孩子由于地域与文化氛围的优势，从小接受比较好的基础教育，养成了较好的语言表达能力。

其次，自1979年我国政府实行计划生育以来，独生子女的数量与日俱增。在教育方面，也出现了"独生子女问题多"的倾向，有些人甚至把一些独生子女夸大其词地称为"中国的一群小皇帝"。

（2）成长环境中的优缺点　往往可以发现在班级活动中，城里的学生一般多才多艺，始终是主角。农村的学生则表现欲不强，甚至少言寡语。但农村学生比较朴实勤奋，肯吃苦耐劳，学习成绩也相当不错。城市里的学生思维比较灵活，视野比较开阔，敢于开拓创新。

独生子女家庭经济相对宽裕，有可能为孩子提供较好的生活、学习条件。但孩子在家庭中的地位独一无二，对"独苗苗"百般袒护，长者不愿约束孩子。往往没有养成尊重长辈、遵守纪律的自觉意识，甚至还会任性骄横，家庭成员关系颠倒。另外，由于独生子女没有兄弟姐妹为伴，幼时缺少与小伙伴一起游戏的集体活动，使部分独生子女与人协同合作的精神缺失，竞争性不强，缺少热情。

独生子女大多属于中间型性格，其次是外向型和倾外向型，再是内向型和倾内向型。因为没有兄弟姐妹一起玩耍，他们在大部分时间里都是和成年人在一起，所以独生子女会比非独生子女更有成就感及主动性，也会比其他同龄的孩子成熟得更快。他们是父母的中心，父母对他们的期望也很高。

（3）根据自己的成长环境了解自己的个性养成

① 独立型　善于独立的发现问题和解决问题，不为次要因素所干扰，在紧急困难情况下不慌张，易于发挥自己的力量。

② 顺从型　独立性差，易受暗示，容易不加批判地接受别人的意见，照别人的意见去办事，在紧急困难情况下表现惊慌失措。

③ 内倾型　心理内倾、沉思寡言、情感深沉、富于幻想、办事谨慎、反映缓慢、顺应困难、性情孤僻、不善交际、处理问题不果断，敢于自我评价。

④ 外倾型　心理外倾、开朗活泼、兴趣广泛、感情易露、决策果断、独立性强、不拘小节、喜欢交际、比较轻率，缺乏自我批评勇气。

⑤ 优越型　自我感觉良好，认为各方面都比别人强。

⑥ 自卑型　自我感觉差，认为自己各方面都不如别人，缺乏自信，情绪低落，一般比较内向。

（4）如何改善成长环境带来的个性问题

① 过去的"我"　根据自己家庭的成员组成、家庭收入情况、家庭所在城市以及家庭中成员性格等，来了解过去的"我"都存在着什么样的性格，这样的性格由家庭的环境影响造成的。

② 现在的"我"　现在生活的环境，常接触的人群以及现在的性格和"过去的我"有什么不同，造成不同的原因是什么，这样的性格改变对于自己以及他人是好还是不好。

③ 未来的"我"　思考自己未来想要的生活以及想要从事的工作，思考这样的生活和工作需要什么样的性格，而这些性格又该如何培养。

（5）克服自己的缺点和不足

① 有些人轻视服务工作，认为航空服务不过是伺候人的工作，对服务人员指手画脚，个别乘客不仅不尊重服务人员，甚至为难、辱骂他们。现在大部分的年轻人都是家里的"独苗"，是家里的宝，没有受过这样的对待，经常就会出现态度高傲，缺乏耐心，如果找准了自己在工作中的角色定位就不会这样了。

② 乘务员有时也会因心情不好或是受到乘客的误解、质疑，往往控制不住情绪，容易与乘客发生争执，甚至发生冲突。所以在工作中，要学会控制自己的情绪，把自己培养成"理智型"的人，这样遇到问题时，才能冷静地处理。

③ 每个人都有不同的个性品质，差异较大者之间难以沟通。即便是个性品质相似，如果

有自私自利、不尊重人、苛求与人、疑心重、过分自卑、骄傲自满、报复心重等品性，也不可能顺利沟通。所以作为航空服务人员，服务态度要诚恳、热情、善良，这样的品质更容易与乘客接近和沟通。

5. 了解乘客需要，提升服务形象

（1）生理需要　指乘客对衣着、座位、饮食、环境、休息等方面的需要。快捷的飞行速度、宽敞明亮的候机环境、美丽可爱的空姐、可口的饮食都吸引了乘客。乘客对应于服务的要求越来越高，个性化需要越来越强，多元化趋势明显。因此要求航空服务人员要具备必要的应变能力及服务技能。

（2）安全需要　在人们的理智判断与选择中，飞行是最安全的交通方式，但是在人们的印象中，却普遍认为火车比飞机安全。所以当人们乘坐飞机时，多数人会感到紧张和担心。而乘客最大的愿望就是能够安全地、准时地到达目的地，因此乘务人员要掌握客舱安全知识，及时解答乘客的困惑，缓解乘客的紧张感，满足乘客的安全需要。

（3）尊重需要和自我实现的需要　乘客作为消费者，在消费过程中希望能够获得服务人员的理解和尊重、关心和帮助。随着社会的发展、社会文明程度的提高、人们自主意识的加强，乘客对尊重的需要是越来越强烈了。其最直接的表现方式就是希望航空服务人员为其提供周到、细致的服务和人文关怀。为乘客提供满意服务的同时，其在民航运输中的主体地位得以实现，相对而言航空公司的运营服务得以达成。

 延伸阅读

贴心的服务卡

在国航客舱乘务部开展的各项特色服务活动中，最令乘客感到温暖的要数各具特色的服务卡了。

（1）休息乘客服务卡　在餐饮服务中，为了不打扰已经休息、熟睡的乘客，乘务员将此卡片贴在休息乘客前方座椅的靠背上，当乘客醒来时，乘务员能够为乘客提供及时、周到并有针对性的服务。

（2）国航信息卡　为了方便广大乘客在搭乘国航航班的时候能够尽可能多地获取国航服务信息，国航客舱乘务部设计并制造了国航信息卡，此卡包括国航售票、行李查询、机场询问、国航俱乐部等信息。

（3）国航常识卡　随着乘客群体不断扩大，选择乘坐飞机出门旅行、探亲人员增多，很多基本的飞机常识对于那些初次乘坐飞机的乘客，都具有很强的吸引力。为此，国航客舱乘务人员向乘客发放国航常识卡。

（4）无人陪伴儿童卡　客舱乘务部不仅从地面接收、机上服务、落地后的交接等阶段完善改进了《无人陪伴儿童服务程序》，还重新设计制作了无人陪伴儿童服务卡，以保证无人陪伴儿童的服务质量。

国航客舱乘务部推出的各类服务卡，细化了每个服务环节，突出健康、舒适、亲情、温馨的个性化服务，也是国航对乘客的用心与贴心服务。

思考与练习

1. 谈谈课堂实操训练及课后练习的心得。
2. 模拟演练中,你掌握了哪些地面及客舱乘务技巧?
3. 你觉得应如何保持好自己的形象?
4. 航空职业形象在公共领域里的应用有哪些?
5. 成长环境带给你什么样的性格并分析性格中的优缺点?
6. 谈谈航空专业知识对形象塑造的重要性。
7. 写一份有关职业形象大赛的企划方案。

(本模块中图8-1～图8-27、图8-31～图8-47由南昌理工学院提供;
图8-28～图8-30由武汉商贸职业学院提供)

模块九

航空职业形象强化拓展

CHAPTER 9

学习目标

1. 清楚航空职业形象强化拓展的实际意义。
2. 明确航空职业形象拓展的基本原则及方法。
3. 把握好航空职业拓展立足点的基本内容及核心点。

学习任务

举办各种类型的职业形象拓展活动，加深对航空职业形象的认知及感受，并在拓展中树立起正确的职业形象信念与职业形象意识，更好地把个人的职业形象与国家、行业、公司及团队紧密地联系在一起，把青春光彩、聪明智慧、执著奉献、热情主动、温柔善良的内外一致的职业形象，牢固地镌刻在以后的工作岗位上，在为中华民族的航空事业增光添彩中实现人生价值。

通过本模块学习，掌握航空职业形象拓展的原则要求、基本内容与方法，力求在拓展中实现从专业形象合格到职业形象完善与完美的跨越。

任务一　认识并理解形象拓展

要点提示

形象的最初建立贯穿于整个专业学习过程中的方方面面，这其中就包含着形象的拓展，因为在基本的拓展过程中，会有仿真的现场及对客的服务事件，让大家从中更好、更真实地认识并理解形象，找准形象的定位，以准确无误地向乘客展现与表达好个人的完美职业形象。

> 通过本任务的学习，帮助提升形象，在拓展中学习与把握好航空职业形象的服务意识，全面而客观地掌握住形象必须有的内容展现及原则要求。

一、职业形象拓展认知

1.正确认识形象拓展

"拓展"被看作时下较为时尚与流行的一种团体训练项目，通过拓展项目的开展，能增进友谊、加强团结、释放内心的压力，所以经常被企业、学校、机关普遍采用。而我们在这里要谈的形象拓展却有别于一般的拓展训练项目，实际上就是借用拓展的形式，开展与职业形象建立及提升相关联的岗位工作项目。例如，设立客舱中对客的服务片断、特殊服务、应急服务；地面问询服务、登机服务、安检服务、值机服务等项目的内容拓展。

2.形象拓展的客观性

首先，拓展是一种共同参与、协作完成的活动，需要发挥集体的最大力量与智慧，所以必然要求大家的心都往一处想，劲往一处使，可以增强凝聚力。通过形象拓展项目的编排、组织、形成与展开，各角色之间会进行不断地交流及对话，逐渐地建立起一种较为开阔的密切关系，打破原有间的沉默。

其次，拓展也是一种自发的积极因素调动。因为要具本地展现某个工作岗位上的对客服务片断或过程，所以每个人都会挖掘潜能，发挥想象力。

再者，拓展亦可让个人对职业形象的理解程度进一步加深。在形象拓展中，每个人都有自我表现的机会，充分地诠释个人所扮演的角色形象，再通过角色形象的描画与展示，释放出形象元素，充分地掌握职业形象的内涵及需要。

二、关注形象拓展的功能性

1.通过拓展展示形象

实际上，某个具体的形象拓展项目，就是把职业形象更直观化、细节性地给展示出来，而且在形象塑造中的点点滴滴环节都很明了。例如，服饰、妆容、发型、微笑表情、语言表达、举首投足等，让大家有目共睹，看得清楚，听得明白。同时，还有现场老师或专业人士从专业化的角度上进行具体地指导与纠正。

2.通过拓展提升形象

拓展对于职业形象的提升也是一次很好地把控机会。因为通过具体的岗位工作情境展现，大家对岗位工作的认知与理解也会加深，对于如何才能把握好对客服务的尺度问题，相信随着拓展项目的进行也会有一个更加明确的思考。

3.通过拓展把握形象

通过开展一系统化的职业形象拓展项目，职业意识及形象把握会有一个天翻地覆的变化，不再会是空洞无物的概念而已，心中有数也必然会做到有的放矢，相应地职业信心也定会得到进一步的提升。

另外，在拓展项目中，由于认真用心投入，对角色的一举一动、一言一行都下足了各种功夫，所以无论是对于参与者还是观看者而言，感触深刻，留下难以磨灭的印迹，甚至会在以后的工作中长期受用。

三、设立形象拓展原则

1. 杜绝拓展的表演性

形象拓展的素材来源于真实的岗位工作内容，所以必然要求属实，而不能当作是一次表演活动，否则就失去了形象拓展的现实意义和真正目的。所以，开始前就要有一定的规范要求，杜绝走过场、走形式，或抱有应付的非正确心态。强调有专业老师或专业人士参与的形象拓展，而不欢迎随意的形象拓展。

2. 提高拓展的真实性

第一，请专业人士作具体的指导，让专家帮助策划内容多样的拓展项目；

第二，集思广益，根据航空职业形象的实际需要，编排好拓展内容；

第三，参访机场及航空公司，了解与观察各岗位工作人员的工作状态及形象要求，进行素材加工及内容创作。

3. 把握拓展的灵活性

形象拓展，可以采用小品对话、对客服务、谈话交流、应急处理、帮助指导等各种与岗位工作情形相连的状态或场景。力求做到：表现灵活多样、感染力强、有影响力。另外还需要注重拓展的场所变化，可以采用舞台节目式，有些项目也可以到客舱中实际进行，以增强大家的真情实感。

任务二 掌握拓展的基本内容及做法

要点提示

航空职业形象拓展是一个围绕着将来的工作环境、工作内容及服务对象而进行的岗前模拟练习，具有一定的真实性价值，是标准形象认知与标准行为设立的前提基础，是在正式地求职面试及进入工作岗位之前，必须要有的一部分职业形象强化拓展的基础课目。

通过本任务的学习，把握住拓展的要点，举一反三，更好地掌握形象塑造培养的技巧与方法，解决好形象塑造中的实质性问题。

一、形象拓展的基本内容

1. 信心拓展

（1）形象信心的概念　从一般定义上来讲，信心即是对成功生起的坚定信念，对于航空职业形象而言，就是个人在职业形象塑造行动方面的内在肯定，是一种愿意克服任何阻力与干扰性影响的坚持力与主动意识，也是一种对航空职业抱有好感的决心及意志力。形象信心是在整个形象塑造过程取得成功的前提基础和先决条件，无论站在怎样的角度上审察，形象塑造过程的自信心都是十分必要的，必不可少的。

（2）形象信心建立的必要性　一旦人的自信心不足，往往就很容易产生出比较消极的认知，产生无形的过多的担心，内心不由自主地就会生疑，"自己将来怎么办啊"，"能不能找到工作、能工作好吗"……立刻就会有数不清的问号出来。这样的情形如果不能马上纠正或即刻改变，将对就业产生影响。

（3）建立与提升信心

① 接受形象指导

a. 针对不同的面相或体形特征的人，开展一对一的专家现场形象设计指导，让学员们认真体会形象设计中的技巧与完善形象设计的基本要领，在形象形成中做到心中有底、有的放矢。

b. 开展一些有专家具体指导性的圆桌交流谈话类型的拓展项目，与专家面对面地进行形象心理认知方面的沟通与学习，通过语言上的强化，加深学员们对职业形象的理解与把控，拉近形象与自我之间的距离。

c. 通过专家现场手把手地教授大家如何完善形象塑造的基本技巧，及掌握这些技巧的必要方法，让个人在亲自动手设计自身形象的过程中，更好地学会设计元素的搭配与运用，做到得心应手、手到擒来。

d. 邀请相关专业人士开展形象塑造方面的相关常识讲座，交流互动等。

e. 做到有机结合、举一反三，灵活应用，让职业形象的设计过程更加的立体化、明确化，清楚透彻，有真情实感，有可操作性。

f. 借助专业人士的身份影响，提升形象的感染力及渲染气氛，打开形象的心量，让个人形象产生美妙的变化，充满形象信心及形象能量。

② 接受形象鼓励　首先，在拓展项目的设计时，老师要及时地、有针对性地采取必要的调整措施，让这部分人反复担任角色的正反两面，全方位体会形象表达的内涵及形象表达的需要性。

其次，还要在一个拓展项目的开始、中间和结束时，分别作不同的紧扣内容的入景导语、语言指导及建议性、专业性的真诚评价和优点表扬。特别对进步较快的个人给予及时地鼓励与肯定，提升形象信心，更好地调动及促进他们以后参与形象拓展的积极性。

再者，职业形象是一个循序渐进地不断加深的完善过程，个人对职业形象产生的印象也有一个逐步升级的次第。所以在拓展中要及时地了解与关注他人的形象表现，去除徘徊心理，最大限度地突破个人形象的各种塑造关。

③ 接受形象肯定　由于个人的身份处于同一个水平的专业层次阶段，所以大家的心会相对地靠近一些，之间的相互赏评，会更显得真实与贴心，有一种亲近与帮扶中的好感。通过

这样的评比、谈心或肯定、建议，效果就会明显地不同。要让大家敢于发表自己的意见和建议，以肯定与友好的心态来帮助学友共同进步。

同时，还要特别注意的是，不能存有讽刺或挖苦他人之心，也不能借助这次的拓展发言机会，借题发挥报复那一次的小冲突、小矛盾或小过结。而是要以一种诚恳的态度指出在拓展表现中存在的问题，或对某部分超水平的发挥给予特别地欣赏。再或者不分好坏眼里看到的全是别人的缺点，这样不但起不到肯定他人的作用，还有可能会打消掉本来应有的信心及底气，适得其反。

2. 语言拓展

（1）语言拓展的内容　语言表达时的流畅度、连贯性，普通话发音、组词结构、用词恰当性，语句修饰，主题思想、中心意思等，都在形象拓展的范围之内。

在语言拓展项目的结构、内容设计中，可以是讲故事的方式、谈话式的方式、对客服务状态中的方式，也可以是小品类型的方式等，各种各样的训习手法，都能够起到对语言的强化训练作用，达到很好地提升个人的语言表达能力的目的。

语言拓展中也不仅仅是会运用中文语言，还有英文口语表达能力与表达技巧，会说一口流利的英文也是当今选拔航空人才的标准之一。

（2）语言拓展的要求　"言从心处来"，在职业形象的表达中，说出来的任何一句话都不是随随便便的，想当然式的说法，一定要有根有据，有理有由，这样才能给别人以严肃的职业态度与职业责任感来。尽管有时职业语言难免听起来不让人感觉套路化，但只要是带着职业者此时的欢喜心与快乐情绪说来的，一定是有温暖情感存在的，也总能让顾客感受得到的，这一点在拓展中要很好地用心体会。

（3）举止拓展　举止拓展，是语言拓展的延伸阶段。举止所表达出来的是肢体语言部分，尽管举止是无声类的言语，但从一举一动中就可反映出这一个人的综合素质、文化修养、思想理念、人文素质以及能否带给他人以足够的信任度等。

在一颦一笑中，可以清楚地判断出一个人的职业形象是否得体，形象表达是否充分及到位；通过察言观色，就可知道这个人的动作和表情是否符合职业形象的要求。例如，从容大方、优雅得体的举止，会给人一种舒服愉快的印象感受；而散漫的行为，无疑是对职业的懈怠、对形象的损害，也无法带给乘客满意的服务享受。要认真地按照拓展的环节与内容布置，抓住要点，用心感受。

进一步地看，在航空工作中有服务语言必有服务举止，言谈举止是对客服务中不可分割的一个整体。当语言从口中说出时，举止部位就会有一致地关联反应。例如，眼、耳、鼻、舌、身、意与语言的配合动作或心理想法。我们经常还会说到"语行一致"，所以在此项拓展中，要时刻关注举止与语言的配合度。

3. 气质拓展

实际上气质是一个人自身所具有的综合素质的呈现与透露。例如，拥有一定的专业知识度和公司文化内涵、个人的阅历与内在修养等，这些都是构成职业形象气质必不可少的基本要素。气质在职业形象的设计与塑造中，就好比是起到一个托举的作用，会使得职业形象者看起来更加精神饱满，富有朝气，所以职业形象的气质拓展对于在校生来讲也是十分有必要的。

其实气质也涵盖了信心与底气的成分，但比这两者更有优雅度，给人的感觉更加地柔美与细腻。对于职业形象的塑造来说，拥有了一定的气质度，就会使得形象更具有内涵与底蕴，这样的职业形象表现会让人觉得更加地温暖与亲切。因此，在气质拓展中，要强调含蓄性。例如，说话时要柔声细语，走路时的脚步要轻缓有序、不紧不慢，动作细致，和人交流时要表现出礼貌和谦让的姿态等，总是以关怀与友好的态度对待别人，这些都是气质的很好表现，要仔细地观摩。

4.应变拓展

应变拓展就是提升个人的环境应变能力，增强在日后职业岗位上的适应性，把工作做得更好，形象发挥得更到位，更有说服力。

在这一类型的拓展中，可以设立在不同的场合或事件情景下，考验个人处理问题的应对能力。例如，可以设计成故事情节，处理突发事件，或者是求助别人，或者是给别人帮助等内容。可分成几个小组同时完成，然后再相互对照结果，看看大家是手忙脚乱还是应对自如，有哪些组表现得比较优秀，哪些组做得不够理想，然后老师再根据大家的不同表现进行针对性地纠正与指导。接下来可以再请一组人来做个标准地示范表演，反复练习，把大家灵活机智的一面示展出来，为形象加彩。

综观现实中各类乘客的表现，由于不同的人有这样或那样的心理与成长经历，所表现出的样子也是千姿百态的，或喜怒哀乐，或忧愁悲恐等差别，而作为一名合格的航空服务人员，面对各色各样的乘客，一定要做到处事不惊，这样才可能以不变应万变做好对客的服务工作，让航空职业形象更加地熠熠生辉。

二、形象拓展的基本做法

1.集体拓展

集体拓展是职业形象拓展通常采取的较多的拓展方式。由班级老师或专业人士进行拓展项目的编排或设置，在一些内容及形式上贴近航空职业需要，符合当下学习的环节重点，这样有针对性地进行实用性的拓展，对提高自身形象或修复形象中的某些不足，会更有启发性与指导意义。

一般情况下，在采取集体拓展形式时，都会事先调查、了解及征求大家的意见或想法，然后集中起来进行逐步地筛选比较，从中挑出最具代表性的拓展内容，依此为基础进行拓展项目环节的设计。这样的做法可以重复地进行，让每一个人都能把个人的真实情况及需要提升的方面讲出来，找到大家相同的拓展需求，才能在实际的拓展项目开展中，让更多人亲身感受到形象拓展对于个人形象提升的实用性与必要性，及时地对形象中的某些部分进行修正或改进，使职业形象更加地清晰化与明朗起来，找到以后形象塑造中的踏实感。

2.个人拓展

除了班级或专业上的统一时间安排，自己也可以利用一些节假日、课余时间或周末时间进行拓展训练，编排一些具有指导提高意义的拓展节目。如果有条件的话，班级或同一宿舍之间的同学结成多个拓展对子，相互探讨，共同进步。其他的，还可以把集体拓展人员拉到一起来，利用课余时间再进行多次地重复练习，直到确实地能把个人在某个方面欠缺的地方提升上来为止。这些都是很好地个人拓展形式，也是职业形象拓展训练项目中的必要形式之一。

在个人开展的拓展训练中，好的一面就是大家私下里的拓展，再不会像集体拓展时那样还有些担心，生怕一旦出错，就会让其他人笑话的害怕心理，多少还存在一些胆怯的想法。个人间拓展就不会出现这样的情况，因为不一定有观众在，就是有观众也是几个好友或小组成员，都不是外人。不好的一面就是个人拓展由于放松了戒备心，注意力难以集中，很容易走神，拓展的收效就不如集体拓展来得更加有力，印象更深刻一些。

3.实训与借鉴拓展

（1）提出个人的形象问题及想法请航空方面的专业人士给出实际性的回答，在接受指导的同时用心理解与思考，找到形象设计的连接点。

（2）听取专业人士对航空职业岗位的具体形象介绍以及在职业形象塑造方面给出的有关建议，与个人的耳听眼观结合起来，找到形象塑造感觉。

（3）学校、院系和机场、航空公司间建立起长久地拓展合作关系，为形象拓展打开多渠道的广泛通路，挖潜职业形象的深度拓展力。

（4）可以联合多院校间的航空专业拓展，举办多种形式的交流拓展活动，借鉴兄弟院校同类专业的拓展经验及优势，在共同交流与互相学习中取长补短。

任务三　找准拓展的立足点

要点提示

> 拓展对于职业形象来说，起到加强、修复与完善的作用，也是加深职业形象印象的必要手段及主要措施之一，因为拓展对于形象的维护力与提升力是最直接显现的。要抓住拓展依据，找准实际需要，做到有的放矢。
>
> 通过本任务的学习，掌握航空职业形象拓展立足点的基本内容与核心部分，着眼于职业形象拓展训练的目的性，更好地完善职业形象。

一、形象拓展立足点的基本内容

1.以航空形象标准为依据

既然是学习航空职业形象拓展，就必然离不开航空职业形象的依据标准，并且以专业学习实用为根本，让形象拓展收到真实有效的拓展价值。所以，形象拓展的立足点一定要建立这三点的原则之上，同时满足这三条最基本的内容要求，为航空类各专业的学员，全面地开展各种类型的形象拓展，奠定可靠的基础。

俗话说"没有规矩不成方圆"，这里所指的"规矩"对于航空职业形象拓展来讲，就是拓展执行的形象设定标准或提供参照的可靠依据，有了原始的对照依据才可以在拓展活动的事前、事中、事后，着手展开需要的一系列化的标准程式。例如，在程序设置、内容环节编排、拓展过程等步骤上的设计、指导、观察、评价、纠正、修复、调整、完善，直到完全符合事先设定的标准为止。

例如，在着装、妆容、发型、面部表情、言行举止等诸方面的设计塑型内容要求、一些具体的注意事项，也就是本书前面几个章节里所涉及到的相关内容。有了这些最基本、最有根据的标准参照指导，形象拓展才可能开展得有理由，而始终不离开形象标准的规矩及法度。在标准法度的框架内，拓展就不会跑题。也就是以航空公司职员的标准化、规范化的职业形象为版本。

2. 以专业学习实用为根本

航空职业形象拓展还必须以本专业学习实用为根本的立足点，一切都必须围绕着有利于专业的学习为前提而展开。通过形象拓展能更好地理顺职业形象建立的出发点和所行目的，这也是形象拓展开展的原始点与中心点。

专业形象是职业形象的必要前提和基础准备，职业形象是专业形象的最终归属，离开职业形象也无从谈起专业形象，而离开专业形象也难有成功的职业形象可言，专业形象与职业形象是不可分开的一个整体。

职业形象需要的表达程度有多深，专业形象也必须拿得出来这样的形象表达程度来，学员们的专业形象与职业形象的标准化要求越靠近，形象就越成功。

3. 满足实际需要

可以这样来阐述，拓展要有一定的实际需要性作为本身的基础保障，才有可开展的必要意义，而拓展活动的实效又是建立在真实的基础之上的，必须有活动原则、活动依据、活动结果与活动评价等环节和步骤。所以对于形象拓展来讲，"实际需要"就是不可马马虎虎或应付行事。

假如对于拓展的认识，只是当作一个老师布置的平时作业任务来完成的话，就不一定能达到需要的目的；如果是本着提升个人形象，认认真真、一丝不苟地对待拓展，那又会是一个另外的好结果，满意度就会很高，收效就会很大，这是必然的。出发点不同带来的实际意义与价值收获就有明显的差别。

站在更高的角度上看，可以在标准形象的鼓舞下彻底地找准职业形象定位，让形象塑造理念深入人心，从而达到想要的形象成型结果。这是每个人都需要的，是为求职就业铺设好的一条阳光通道，因为入职离不开形象的保驾。

二、形象拓展立足点的基本核心

1. 为求职就业打好基础

航空职业形象拓展就好比是职业形象的种子一样，让标准化的形象在大家的心底里扎根、发芽、开花、结果，让职业形象和个人的身心完全地结合成一体，无任何可以分开的缝隙，这样的职业形象建立才可以说是最牢固可靠的，保持永恒不变的性质。所以，大家在形象拓展中找准了求职就业的基础需要，就是找到了形象拓展的动力源泉。

随着不同类型、内容的拓展项目展开，个人多次参加后，慢慢地、循序渐进地进入到岗位的角色之中，认真地完成好角色分配的任务，再通过教员、老师或项目指导人员的不断地纠正、修复与提升，最终使自己的形象符合职业要求，当然也会更加符合航空公司选聘职员时的考核要求。

职业形象的建立需要一定的形象导入训练为基础。形象拓展可以从更直观的角度上，使形象塑造者在具体形象角色的扮演中，体会到角色形象的真实感受，在真情实感中确立起岗位上的职业形象来，这样从角色开始时的潜意识印象到完成角色担当时的深层次体悟，就实现了职业形象从认知到转换的层次飞跃。一个圆满、清晰的航空职业形象，会深深地刻画在个人的脑海之中，这样的拓展对求职就业乃至日后长期的工作发展作用极大，无论怎样的航空公司，哪家会不看重形质俱全的人选呢！

2. 促进将来的工作发展

由于职业形象本身会受到环境空间、接触对象、条件限制等外部因素以及工作者的内在情绪、心理感受、身体状况等内部因素的分别影响，所以当大家参加航空面试时或在工作岗位上，思索如何打造及表达好职业形象时，就要时刻把岗位工作的严格要求记在心里，一刻也不能丢失，否则再美丽的外部形象也只会让别人感觉是魂不附体，很失真。

任何一种形象也都不只是一个好看的包装或面子，更重要的是关系到形象表达的集中点在哪里。在形象拓展训练中，只有围绕着具体的工作岗位设计及构造有形的展拓项目，从考虑到实际的工作发展需要上着手，才是有用的。

将来无论走向航空工作的哪一个岗位上，都有足够的理由相信自己一定会将职业形象打造得更加完美，符合内外一致的要求。

3. 完美个人的职业生涯

不难理解，形象拓展是一个完全仿真的工作场景及状态，在其中可以很好地体会到形象存在的真实性，看清楚形象被需要的一面。换句话说，在形象角色的扮演中，通过拓展过程的亲身体验及指导老师的正确引导与纠正，很快地清理掉自己与形象间的不当隔阂，这实际上就完成了形象塑造过程。或者说个人已经掌握住了形象设计的核心点，已经没有任何形象理解障碍，在如何尽善尽美地建立形象上是通达无碍、明白无误的。

试想，完美的职业形象者，将来的职业生涯也一定是畅通无阻的，充满着无数的职业发展机会。只要个人在工作技能上配合得当，并且持有一颗进步心愿，有一份爱岗敬业的认真态度，还有对本行业、本公司的珍爱与感恩之心，一颗对乘客的尊重与关怀情感，就一定能够实现个人的职业生涯理想。

况且当今我国航空业多元化发展对人才的需求量一再扩大，不仅仅是机场地面服务或客舱乘务工作岗位的招收，还有其他的很多航空延伸领域里的职业岗位在期待与吸引着大家。另外，不仅只是男士在航空服务的各类工作竞争中占据一定的实力地位，女士同样也不例外。例如，客舱乘务人员可以晋升到头等公务舱、资深普通舱职位，再进一步晋升为上等乘务员、乘务长、乘务教员、乘务经理等职位，还有现在女性的民航机长也开始多了起来。总之，真金不怕火炼，功到自然成，美好的航空职业生涯就从职业形象的打造开始。

? 思考与练习

1. 谈谈航空职业形象拓展的具体意义。
2. 航空职业形象拓展的原则要求有哪些?
3. 航空职业形象拓展包含有哪些具体内容及必要方法?
4. 如何看待拓展对完善航空形象的重要作用?
5. 航空职业形象拓展的基本依据是什么?

参考文献

[1] 张号全，孙梅.航空面试技巧.北京：化学工业出版社，2012.

[2] 杨怡.空姐教你考空姐.武汉：武汉大学出版社，2011.

[3] 张伶俐，梁秀容.未来空姐面试指南.北京：中国民航出版社，2004.

[4] 洪涛.空乘人员形体及体能训练.北京：旅游教育出版社，2010.

[5] 刘长风.实用服务礼仪培训教程.北京：化学工业出版社，2007.

[6] 李永.空乘礼仪教程.北京：中国民航出版社，2003.

[7] 金正昆.礼仪金说.西安:陕西师范大学出版社，2006.

[8] 金正昆.服务礼仪.北京：北京大学出版社，2005.

[9] 谢苏，姚虹华.空乘礼仪.北京：国防工业出版社，2011.

[10] 李嘉珊.实用礼仪教程.北京：中国人民大学出版社，2004.

[11] 杨秋平.成功社交培训教程.北京：机械工业出版社，2007.

[12] 何瑛，张丽娟.职业形象塑造.北京：科学出版社，2012.

[13] 梁兆民，张永华.现代实用礼仪教程.西安：西北工业大学出版社，2011.

[14] 李雪，饶静安.职业形象礼仪.成都:西南交通大学出版社，2010.

[15] 张号全.勇往职前的三大关键词"心态、方法、行动".中国大学生就业，2012，3.

[16] 张号全.抢占就业高地.北京：石油工业出版社，2011.

[17] 洪向阳.10天谋定好前途.上海：上海大学出版社，2014.

[18] 盛美兰.民航服务礼仪.北京：中国民航出版社，2011.

[19] 李永.中国民航发展史简明教程.北京：中国民航出版社，2011.

[20] 李永，张澜.民航服务心理学.北京：中国民航出版社，2012.